# 会計基準の過去・現在・未来

## 第1巻

公認会計士 乾 隆一

TAC出版

# 本シリーズまえがき

会計という言葉に，皆さんはどのようなイメージを持つでしょうか？

一口に会計といっても，いろいろなものがあります。
家の会計は家計。
会社の会計は企業会計。
学校の会計は学校法人会計。
地方公共団体の会計は公会計。

会計は，時に簿記とセットで語られます。
簿記については，日商簿記の試験や学校の授業などで接する機会があった人もいるのではないでしょうか。

4巻からなる本シリーズは，簿記についてはなんとなく触れたことがある人を前提にしています。
1巻から3巻は「企業会計」について解説します。
我が国の企業会計は，「企業会計原則」（昭和24（1949）年7月公表。昭和57（1982）年4月最終改正）によって始まったといっても過言ではありません。しかし，近年の企業会計を知るために，「企業会計原則」を見ても，ほとんど役立たないことに気づくと思います。

昭和53（1978）年3月期から連結財務諸表制度が導入されました。また，ほぼ同時期から中間財務諸表制度が導入されました（これは，平成21（2009）年3月期から四半期財務諸表制度に発展しています）。

その後，平成10（1998）年前後に，当時の橋本首相の提唱

する金融ビッグバンの一環として,会計ビッグバンと呼ばれる会計の大変革がありました。さらに,この会計ビッグバンは,会計基準の国際的な統合(コンバージェンス)あるいは国際的な会計基準の受入れ(アドプション)という形で議論が発展し,現在に至っています。

このように,企業会計のルールは,「企業会計原則」の公表から60年経ち,大きく変わってきました。そして,今も毎年のように,会計基準の改正や,新しい会計基準の公表が行われています。

皆さんは,いつ,会計(企業会計)や簿記を学びましたか?
今の会計を知ろうとは思いませんか?

1〜3巻では,企業会計のルールの難易度を目安に説明する会計基準及びその内容を分けました。

最新の企業会計のルールを知ろうと思ったならば,まずは1巻から読んでみて下さい。

4巻は,企業会計ではなく,公会計をメインに扱っています。

公会計の知識は,企業会計と比較して,必要とされる機会は少ないかもしれません。

しかし,北海道夕張市の財政破綻など,地方公共団体が破産することのある時代です。

せっかく企業会計を知っているならば,一歩足を伸ばして,公会計を知ってみませんか?

# 本書まえがき

　1巻では，近年の企業会計の基本的な部分を取り扱います。とはいえ，本書シリーズは，会計を利用する人も念頭に置いています。

　そこで，まずは，財務諸表といわれる4つの財務表の説明から始めます。

　財務諸表といわれたときに，まず思いつくのが昔からある貸借対照表と損益計算書ですね。しかし，それらの内容は，会計ビックバン以降，変化してきています。

　また，これらの財務表以外の財務表が，会計ビッグバン以降，登場してきました。株主資本等変動計算書とキャッシュ・フロー計算書です。

　そこで，本書では，これらの新しい財務表について，基本となることを網羅しています。

　連結財務諸表制度は，我が国ではすでに30年余りの歴史があります。

　しかし，ここ10年で変化してきていることを知っていますか？
　そもそも，連結財務諸表とは何か。
　1巻は，そこからスタートしています。

　そのうえで，ここ10年の変化の一部を取り上げます。その他の変化や連結財務諸表での難しい処理は，2巻及び3巻で取り扱うこととします。

　貸付金や有価証券など，近年，金融投資と呼ばれる資産の会計処理は，「企業会計原則」にも定めがありました。しかし，デリバティブ取引なども含め，金融投資全般に関する会計ルールを定めている「金融商品に係る会計基準」が平成11（1999）

年1月に公表され,「企業会計原則」に定められている会計処理は,現在は行われていません（表現を変えて存続しているものもありますが）。

　そこで,1巻では,金融商品会計の基本となる部分を取り扱っています。デリバティブ取引などの難しい論点は2巻及び3巻で取り扱うこととします。

　固定資産を購入すべきか否かの判断に際し,リースという選択肢もあります。リース会計については,平成5（1993）年6月に「リース取引に係る会計基準」が公表されています。しかし,これが平成19（2007）年3月に改正され,新たに「リース取引に関する会計基準」として公表されていることを知っていますか？

　研究開発費やソフトウェア制作費について,会計処理が定められていることを知っていますか？　これらの会計ルールは,定められてからすでに10年以上経つので,知っている人が多いかも知れません。とはいえ,どれだけ知っていますか？

　建設業などの業種では,「企業会計原則」に定めのある工事完成基準・工事進行基準というルールが適用されてきました。しかし,平成21（2009）年3月31日以前に開始する事業年度から,「工事契約に関する会計基準」が適用されるようになりました。しかも,適用業種は建設業に限られません。システム会社などにおいてもこの会計ルールの適用の要否を考えなければなりません。


　前置きが長くなりました。
　これらの具体的な内容を見ていきましょう！

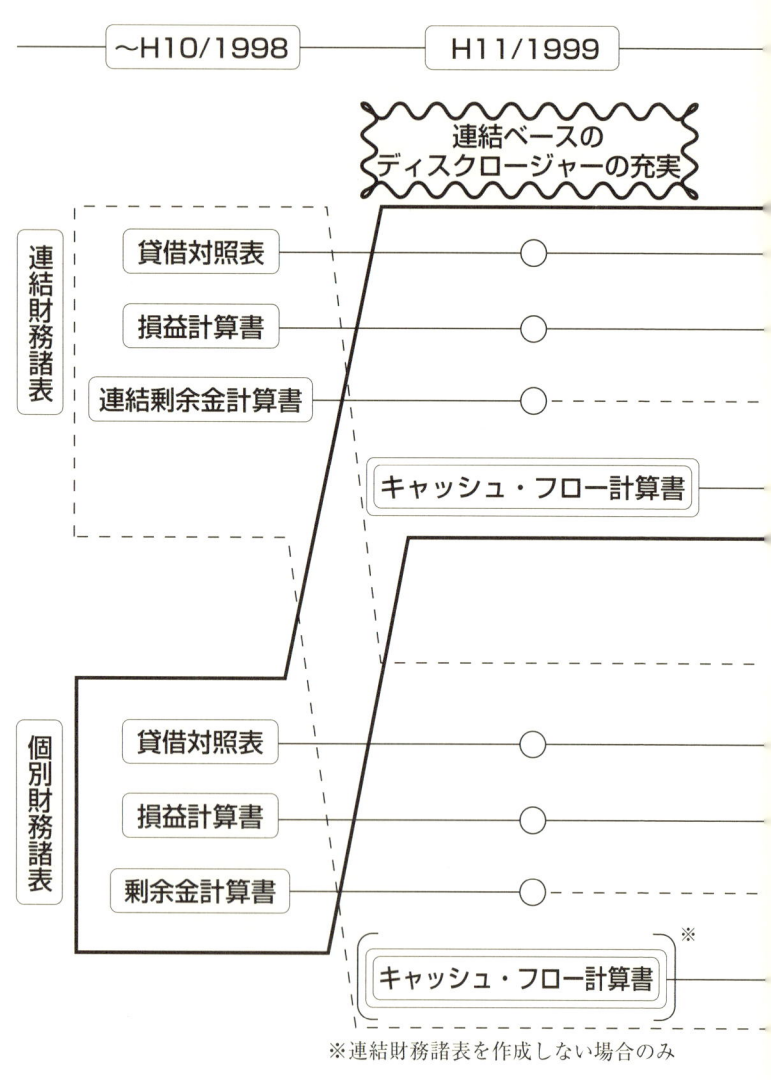

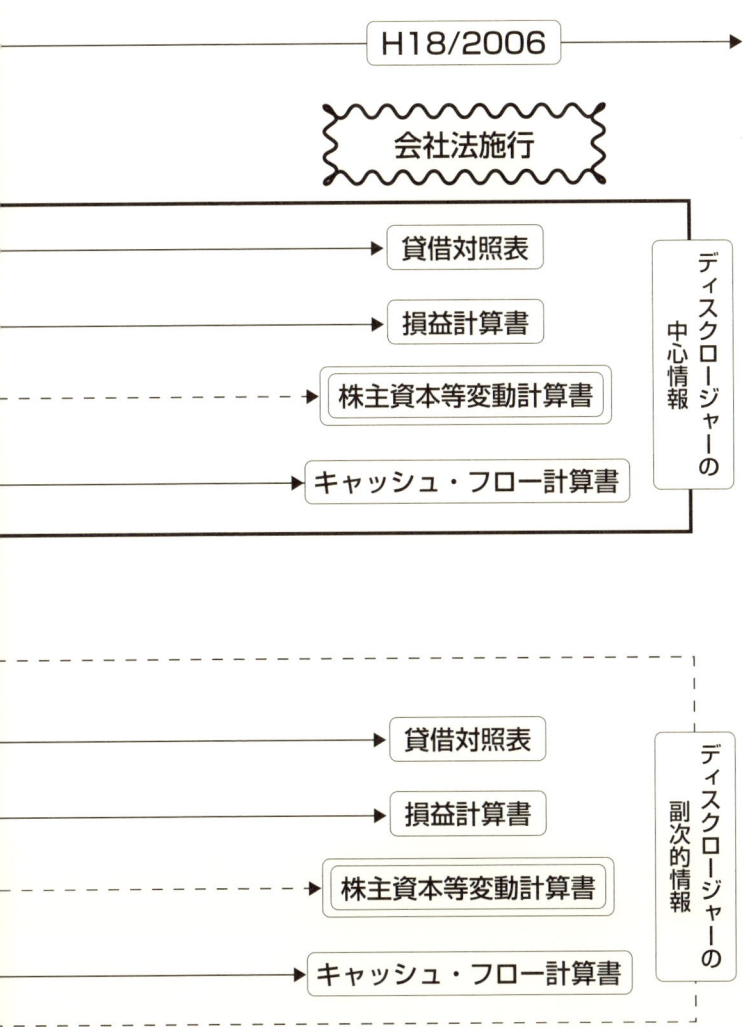

# 目　　次

本シリーズまえがき　　　　　　　　　　　　ii

本書まえがき　　　　　　　　　　　　　　　iv

第1章　財務諸表が変わった！　　　　　　　　1
　Column①　役員賞与に関する会計基準／16

第2章　貸借対照表の純資産の部の
　　　　表示に関する会計基準　　　　　　　17

第3章　自己株式及び準備金の額の
　　　　減少等に関する会計基準　　　　　　23

第4章　株主資本等変動計算書
　　　　に関する会計基準　　　　　　　　　35

第5章　キャッシュ・フロー計算書　　　　　41

第6章　連結財務諸表（初級編）　　　　　　59

第7章　金融商品会計（初級編）　　　　　　93
　Column②　貨幣の時間価値／120

第8章　リース取引に関する会計基準　　　123

第9章　研究開発費等に係る会計基準　　　131

第10章　工事契約に関する会計基準　　　　143

# 第1章
# 財務諸表が変わった!

~Chapter 1~

## 財務諸表の今昔

　平成10年度まで,「財務諸表」といえば,以下の3表を指していました。

① 貸借対照表
② 損益計算書
③ 利益処分計算書（損失処理計算書）

　しかし,平成20年度現在の「財務諸表」は,以下の4表を指します。

① 貸借対照表
② 損益計算書
③ 株主資本等変動計算書
④ キャッシュ・フロー計算書

　このように,ここ10年間で,利益処分計算書が廃止され,株主資本等変動計算書及びキャッシュ・フロー計算書が導入されました。また,名称こそ変わっていませんが,貸借対照表と損益計算書も,実は中身に変更があります。

　本章では,なぜ10年間で財務諸表が変わったのか,また,どのように変わったのか,簡単にみていきます。

　ただし,最近,会計を学習した人はこれらの変化を知らなくても問題ありませんので,本章を飛ばしていただいて結構です。とはいえ,何が変わったのか気になる方が本章を熟読されることを拒むものではありません。

　なお,新しく導入された株主資本等変動計算書やキャッシュ・フロー計算書の具体的な中身は,第4章及び第5章で扱います。

第1章　財務諸表が変わった！

## ■財務諸表はこのように変わった!!

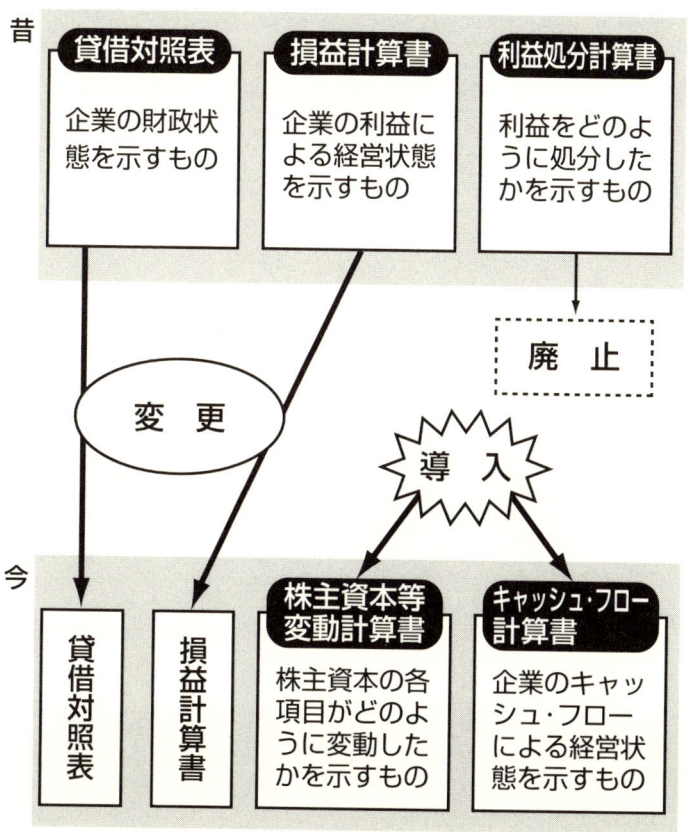

## 損益計算書が変わった!?

　読者のみなさんはご存じだと思いますが、シンプルに説明すると、損益計算書とは、企業が当期（通常1年間）に獲得した収益（売上など）から、その収益を獲得するのに要した費用（売上原価や給料など）を差し引くことで、利益（もうけ）を計算しているものです。

　ここで、利益には複数あることを確認しておきましょう。

① 売上総利益
　　＝売上高－売上原価
② 営業利益
　　＝①売上総利益－販売費及び一般管理費
③ 経常利益
　　＝②営業利益＋（営業外収益－営業外費用）
④ 税引前当期純利益
　　＝③経常利益＋（特別利益－特別損失）
⑤ 当期純利益
　　＝④税引前当期純利益－税金費用（法人税等）

上記5つが、現在の損益計算書で示されている利益です。
　実は、以前は、上記5つ以外に、

⑥ 当期未処分利益
　　＝⑤当期純利益＋前期繰越利益－中間配当額等

という、6つ目の利益も計算されていました。
　しかし、平成18年5月に会社法が施行され、株主資本等変動計算書が導入されたことで、損益計算書では、この⑥当期未処分利益を計算しなくなりました。

# ■損益計算書はこのように変わった!!

| 昔 | | 今 | |
|---|---|---|---|
| Ⅰ 売上高 | ××× | Ⅰ 売上高 | ××× |
| Ⅱ 売上原価 | ××× | Ⅱ 売上原価 | ××× |
| ① 売上総利益 | ××× | ① 売上総利益 | ××× |
| Ⅲ 販売費及び一般管理費 | ××× | Ⅲ 販売費及び一般管理費 | ××× |
| ② 営業利益 | ××× | ② 営業利益 | ××× |
| Ⅳ 営業外収益 | ××× | Ⅳ 営業外収益 | ××× |
| Ⅴ 営業外費用 | ××× | Ⅴ 営業外費用 | ××× |
| ③ 経常利益 | ××× | ③ 経常利益 | ××× |
| Ⅵ 特別利益 | ××× | Ⅵ 特別利益 | ××× |
| Ⅶ 特別損失 | ××× | Ⅶ 特別損失 | ××× |
| ④ 税引前当期純利益 | ××× | ④ 税引前当期純利益 | ××× |
| 法人税及び住民税 | ××× | 法人税、住民税及び事業税 | ××× |
| ⑤ 当期純利益 | ××× | ⑤ 当期純利益 | ××× |
| 前期繰越利益 | ××× | | |
| 中間配当積立金取崩額 | ××× | | |
| 中間配当額 | ××× | | |
| 中間配当に伴う利益準備金積立額 | ××× | | |
| ⑥ 当期未処分利益 | ××× | | |

新会社法施行（H18・5）→ 株主資本等変動計算書へ!!

## 貸借対照表も変わった!?

　貸借対照表についてもおなじみだと思いますが，これは，よく，企業が運用する資金の調達源泉とその運用形態を示すものといわれます。もう少しわかりやすく説明すると，貸借対照表には，現金や土地などの資産と，資産を取得する元手となった銀行からの借入金などの負債や，株主が出資したお金（資本金）などの資本が示されています。

　そして，貸借対照表の内容は大きく3つに分類されています。
① 資産の部
　　これはさらに，「流動資産」「固定資産」（「繰延資産」）に中分類され，うち，「固定資産」は，「有形固定資産」「無形固定資産」「投資その他の資産」の3つに小分類されます。
② 負債の部
　　これはさらに，「流動負債」「固定負債」の2つに分類されます。
③ 純資産の部
　　これはさらに，「株主資本」「評価・換算差額等」「新株予約権」の3つに中分類され，うち，「株主資本」は，通常「資本金」「資本剰余金」「利益剰余金」の3つに小分類されます（これに「自己株式」が加わる場合もあります）。

　ところで，③純資産の部をみて，変に思った方はいませんか？そうなんです。平成18年5月に施行された会社法の影響で，従来は「資本の部」とされていた区分が「純資産の部」と変わりました。

　また，「資本の部」の内訳は，「資本金」「資本剰余金」「利益

# 第1章 財務諸表が変わった！

## ■貸借対照表はこのように変わった!!

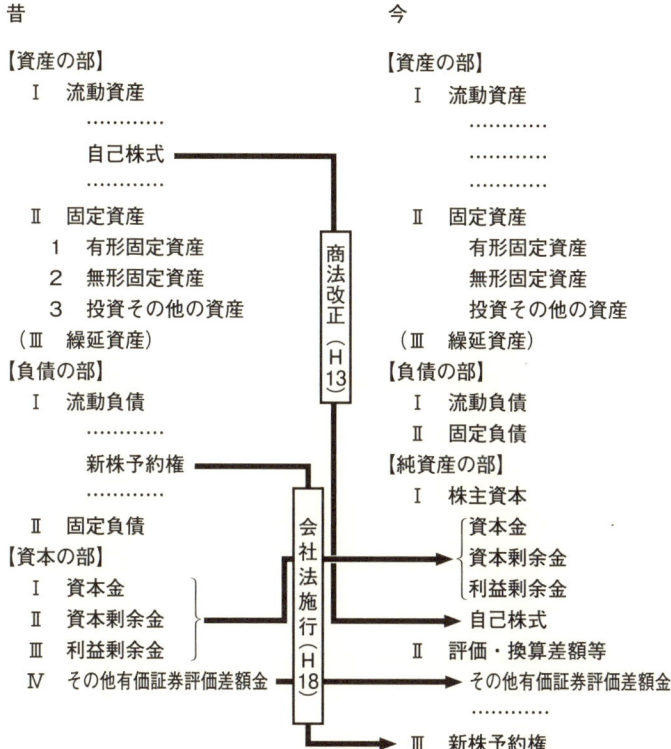

剰余金」「その他有価証券評価差額金」という分類だけでしたが，これを中分類・小分類に変更しています（「その他有価証券評価差額金」は，「評価・換算差額等」に含まれることになりました。→ 第2章，第7章）。

さらに，従来は「負債の部」に含まれていた「新株予約権」が，「純資産の部」に含まれるようになりました（→ 第2章）。

## 株主資本等変動計算書とは何か？

　従来，貸借対照表の「資本の部」に記載されていた項目のうち，前期の貸借対照表の数値から当期の貸借対照表の数値への増減内容を知ることができたのは，「未処分利益」（現在の貸借対照表では，繰越利益剰余金〈利益剰余金の内訳項目〉に相当します）だけでした。

　つまり，例えば，前期と当期の貸借対照表の資本金の金額を比較して差額がある場合，その差額がどのような原因で増減したものなのかよくわかりませんでした。

　そこで，株主資本等変動計算書の登場です！

　株主資本等変動計算書は，その名称から推測できるように，貸借対照表の「純資産の部」に載っている「株主資本」の前期と当期の変動要因を記載しています。つまり，「資本金」「資本剰余金」「利益剰余金」「自己株式」の４つについて，前期の貸借対照表に記載されている金額から当期の貸借対照表に記載されている金額に当期１年間でどのように変わったのかを示しています（9～11ページでは，「評価・換算差額等」「新株予約権」も含めたひな型にしてあります）。

　なお，具体的な変動要因については，第４章で説明します。

# ■株主資本等変動計算書とは？

**株主資本**
 **資本金**
  前期末残高
  当期変動額
   新株の発行
   ……………
   当期変動額合計
  当期末残高
 **資本剰余金**
  資本準備金
   前期末残高
   当期変動額
    新株の発行
    ……………
    当期変動額合計
   当期末残高
  その他資本剰余金
   前期末残高
   当期変動額
    ……………
    当期変動額合計
   当期末残高
  資本剰余金合計
   前期末残高
   当期変動額
    新株の発行
    ……………
    当期変動額合計
   当期末残高
 **利益剰余金**
  利益準備金
   前期末残高
   当期変動額
    剰余金の配当
    ……………
    当期変動額合計
   当期末残高
  その他利益剰余金
   任意積立金
    前期末残高
    当期変動額
     剰余金の配当

     ……………
     当期変動額合計
    当期末残高
   繰越利益剰余金
    前期末残高
    当期変動額
     剰余金の配当
     当期純利益
     ……………
     当期変動額合計
    当期末残高
  利益剰余金合計
   前期末残高
   当期変動額
    剰余金の配当
    当期純利益
    ……………
    当期変動額合計
   当期末残高
 **自己株式**
  前期末残高
  当期変動額
   自己株式の処分
   ……………
   当期変動額合計
  当期末残高
 株主資本合計
  前期末残高
  当期変動額
   新株の発行
   剰余金の配当
   当期純利益
   自己株式の処分
   ……………
   当期変動額合計
  当期末残高
**評価・換算差額等**
 その他有価証券評価差額金
  前期末残高
  当期変動額
   株主資本以外の項目
   の当期変動額(純額)

   当期変動額合計
  当期末残高
 評価・換算差額等合計
  前期末残高
  当期変動額
   株主資本以外の項目
   の当期変動額(純額)
   当期変動額合計
  当期末残高
**新株予約権**
 前期末残高
 当期変動額
  株主資本以外の項目の
  当期変動額（純額）
  当期変動額合計
 当期末残高
**純資産合計**
 前期末残高
 当期変動額
  新株の発行
  剰余金の配当
  当期純利益
  自己株式の処分
  ……………
  株主資本以外の項目
  の当期変動額（純額）
  当期変動額合計
 当期末残高

## ■株主資本等変動計算書

| | 株主資本 | | | |
|---|---|---|---|---|
| | 資本金 | 資本剰余金 | | |
| | | 資本準備金 | その他資本剰余金 | 資本剰余金合計 |
| ×1年3月31日残高 | ×× | ×× | ×× | ×× |
| 事業年度中の変動額 | | | | |
| 　新株の発行 | ×× | ×× | | ×× |
| 　剰余金の配当 | | | | |
| 　当期純利益 | | | | |
| 　自己株式の処分 | | | ×× | ×× |
| 　株主資本以外の項目の事業年度中の変動額（純額） | | | | |
| 事業年度中の変動額合計 | ×× | ×× | ×× | ×× |
| ×2年3月31日残高 | ×× | ×× | ×× | ×× |

（注）平成20年6月6日内閣府令により、この表形式は廃止されました。しかし、わかりやすいため、示しておきます。

| 株主資本 | | | | | | 評価・換算差額等 | | 新株予約権 | 純資産合計 |
|---|---|---|---|---|---|---|---|---|---|
| 利益剰余金 | | | | 自己株式 | 株主資本合計 | | | | |
| 利益準備金 | その他利益剰余金 | | 利益剰余金合計 | | | その他有価証券評価差額金 | 評価・換算差額等合計 | | |
| | 任意積立金 | 繰越利益剰余金 | | | | | | | |
| ×× | ×× | ×× | ×× | △×× | ×× | ×× | ×× | ×× | ×× |
| | | | | | | | | | |
| | | | | | ×× | | | | ×× |
| ×× | | △×× | △×× | | △×× | | | | △×× |
| | | ×× | ×× | | ×× | | | | ×× |
| | | | | ×× | ×× | | | | ×× |
| | | | | | | | | | |
| | | | | | | ×× | ×× | ×× | ×× |
| ×× | - | ×× | ×× | | ×× | | | | ×× |
| ×× | ×× | ×× | ×× | △×× | ×× | ×× | ×× | ×× | ×× |

## 利益処分計算書と株主資本等変動計算書の違い

　従来あった利益処分計算書は、損益計算書で計算された当期未処分利益を、株主総会の決議でどのように処分したのかを示す書類でした。つまり、当期未処分利益のうち、いくらを株主への配当金とし、いくらを役員への賞与としたのかなどを示し、最終的に翌期（次期）へいくら繰り越されるのかを示していました。

　そして、この翌期へ繰り越された利益が、翌期の損益計算書では「前期繰越利益」として表示されます。その上で、これに翌期の当期純利益を加え、中間配当額等を控除した金額が翌期の当期未処分利益となりました。

　つまり、前期と当期の貸借対照表の未処分利益の増減に着目すると、増減の一部が利益処分計算書に示され、一部が損益計算書の未処分利益を算定するプロセスに示されていました。このように、未処分利益という１つの貸借対照表項目の増減を把握するのに、前期の利益処分計算書と当期の損益計算書の２つの財務諸表を見なければならず、面倒でした。

　しかし、株主資本等変動計算書を用いれば、繰越利益剰余金（従来の未処分利益に相当）の増減を一度に把握することができます。

# ■利益処分計算書と株主資本等変動計算書

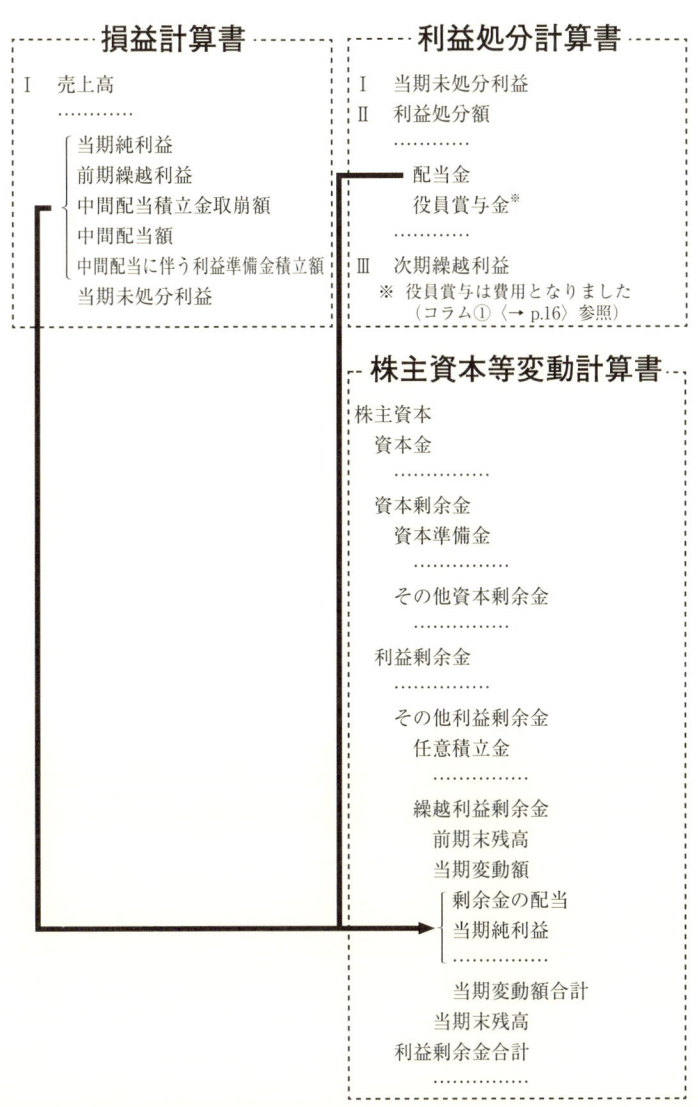

## キャッシュ・フロー計算書とは何か？

　キャッシュ・フロー計算書は，平成11年度の財務諸表（3月決算会社であれば，平成11年4月1日から平成12年3月31日までの決算期に係る財務諸表）から公表されています。

　キャッシュ・フロー計算書は，一会計期間におけるキャッシュ・フローの状況を一定の活動区分別に表示するものです。ここで，一定の活動とは，「営業活動」「投資活動」「財務活動」の3つを指します。細かい内容は第5章で説明しますが，「営業活動」は売上や仕入，給料支払などの活動を，「投資活動」は固定資産の購入や有価証券の売却などの活動を，「財務活動」は借入れや新株の発行などの活動を意味するものです。

　従来は，貸借対照表と損益計算書が主な財務諸表でした。これにキャッシュ・フロー計算書が加わることで，財務諸表についてより深い分析を行うことができるようになり，より詳しく企業を理解することができるようになりました。

　また，損益計算書で利益を計上している会社が，急に倒産することがあります。その原因の1つとして，資金繰りがうまくいっていないことがあげられます。いわゆる，「勘定合って銭足らず」という状況です。キャッシュ・フロー計算書の登場により，このような状況を知ることができるようになりました。

## ■営業活動・投資活動・財務活動のイメージ

貸借対照表

| 現金及び現金同等物 現金及び預金 | |
|---|---|
| **営業活動** | |
| 売上債権 たな卸資産 | 仕入債務 未払費用[※] |
| **投資活動** 有価証券 有形固定資産 無形固定資産 投資その他の資産 繰延資産 | **財務活動** 短期借入金 社債 資本金 利益剰余金 自己株式 |

※ 営業活動に関するもののみ。

## Column ① 役員賞与に関する会計基準

　従来，取締役や監査役に対する報酬（役員報酬）は，費用として処理され損益計算書に計上されていました。他方，取締役や監査役に対する賞与（役員賞与）は，定時株主総会における利益処分により，未処分利益の減少として処理され，利益処分計算書に記載されていました。

　しかし，平成15年の商法改正により，株式会社の機関（取締役や監査役，株主総会など）に大きな追加・変更が行われ，アメリカ型の経営組織（委員会設置会社）を採用することができるようになりました。具体的には，株主総会に附属した委員会として，報酬委員会（取締役などの報酬を決定する）や監査委員会などを設置することができるようになりました。この結果，役員報酬と役員賞与の違いが以前ほど明確なものではなくなりました。

　また，平成18年5月に施行された会社法において，役員賞与は，役員報酬とともに職務執行の対価として株式会社から受ける財産上の利益（会社法第361条など）に整理されました。すなわち，役員賞与と役員報酬は同様のものと意義づけられたのです。

　そこで，会計処理についても，役員賞与を役員報酬と同様に費用として処理すべく，平成17年11月に「役員賞与に関する会計基準」が公表され，会社法施行以後に終了する会計年度（3月決算会社であれば，平成19年3月期）から適用されています。

# 第2章

## 貸借対照表の純資産の部の表示に関する会計基準

~Chapter 2~

## ⚖️ 「純資産の部」に含まれる項目

　第1章でみたように，貸借対照表の純資産の部は，右ページのように分類・区分されています（もっとも，右ページに記載されている項目は，個別財務諸表を前提とするものですし，また，本書で説明しない項目については，なるべく除いています）。

　「純資産の部」は，まず，「株主資本」と「株主資本以外の項目」に分類できますので，これらに分けて以下説明していきます。

 **「株主資本」**

　名称が示すとおり，「資本」です。ただし，純資産のうち株主に帰属するものであることをより強調する点から「株主資本」と称するものとされました。

　ここで，株主に帰属するものには，株主が会社に出資したお金を意味する資本金はもちろん，このお金を運用して会社が儲けた利益のうち，未だ株主に分配していない分も含まれます。

　そこで，「資本金」「資本剰余金」「利益剰余金」が「株主資本」とされます（なお，これら3項目以外に「自己株式」も「株主資本」とされますが，これは第3章で説明します）。

## ■個別貸借対照表の純資産の部

```
純資産の部
  株主資本
    資本金                        ×××
    資本剰余金
      資本準備金                  ×××
      その他資本剰余金            ×××
      資本剰余金合計              ×××
    利益剰余金
      利益準備金                  ×××
      その他利益剰余金
        任意積立金                ×××
        繰越利益剰余金            ×××
      利益剰余金合計              ×××
    自己株式                     △×××
    株主資本合計                  ×××
  評価・換算差額等
    その他有価証券評価差額金      ×××
    ……………
    評価・換算差額等合計          ×××
  新株予約権                      ×××
  純資産合計                      ×××
```

「資本剰余金」

「資本剰余金」は，さらに「資本準備金」と「その他資本剰余金」に区別されます。

「資本準備金」は，株主が会社に出資したお金のうち，「資本金」とされなかった分などです。

「その他資本剰余金」は，資本剰余金のうち資本準備金とされなかったものです。第3章で説明する「自己株式処分差益」などが含まれます。

「利益剰余金」

「利益剰余金」は，さらに「利益準備金」と「その他利益剰余金」に区別されます。

「利益準備金」は，利益を原資として配当した場合に，会社法上，積み立てることが強制されたものです。

「その他利益剰余金」は，さらに「任意積立金」と「繰越利益剰余金」に区別されます。

「任意積立金」は，株主総会の決議によって任意に積み立てられた利益剰余金です。

「繰越利益剰余金」は，従来，「当期未処分利益」と呼ばれていたもので，会社が獲得した利益のうち，未だに配当・処分されていない分を意味します。

**株主資本以外の項目（「評価・換算差額等」）**

　株主資本以外の項目には，「評価・換算差額等」「新株予約権」があります（連結財務諸表では，これらの他に「少数株主持分」も含まれます。 → 第6章）。

　「評価・換算差額等」には，資産または負債は時価で評価されているが，時価と簿価の差額である評価差額を損益として計上しない場合の当該評価差額などが含まれます。

　この「評価・換算差額等」の典型例が，「その他有価証券評価差額金」です（→ 第7章）。

 **「新株予約権」**

　新株予約権とは，これを有する者（新株予約権者）が会社に対しこれを権利行使したときに，会社が新株予約権者に対し新株を発行する義務を負うものをいいます。

　そこで，新株予約権は，権利行使されれば追加の出資がなされ，払込資本（資本金及び資本準備金）が増加します。

　また，新株予約権は，権利行使できる期間の定めがあるため，その期間が過ぎてしまう（このことを「失効」といいます）と権利行使ができなくなります。しかも，新株予約権者には，新株予約権を購入する際に会社に支払った代金が戻ってきません。つまり，このような場合には，会社は新株予約権の発行代金を返金しないのです。

　整理すると，新株予約権は，将来，権利行使され払込資本（資本金及び資本準備金）となる可能性がある一方，失効して払込

資本とならない可能性もあります。

このように，新株予約権を発行した会社にとって，新株予約権は，権利行使の有無が確定するまでの間，その性格が確定しないことから，従来は，「負債の部」に計上することとされていました。

しかし，新株予約権には返済の義務がないため，支払手形や借入金などの負債と一緒の部に表示することは好ましくないことから，「純資産の部」に記載することとなりました。

## 適用時期等

「貸借対照表の純資産の部の表示に関する会計基準」は，平成17年12月に企業会計基準委員会（ASBJ）から公表され，会社法が施行された平成18年5月から適用されています。

# 第3章

## 自己株式及び準備金の額の減少等に関する会計基準

~Chapter 3~

## 「自己株式」とは何か？

　第2章で,貸借対照表に記載される「株主資本」には,資本金・資本剰余金・利益剰余金の3つあると説明しました（→ p.18）。しかし,19ページでは,これら3つ以外に「自己株式」と書いてあります。しかも,金額欄には「△」がついており,「自己株式」が「株主資本」の控除項目であることが示されています。

　では,自己株式とはどのようなものなのでしょうか。

　自己株式とは,過去に自社が発行した株式を何らかの理由から自社が買い戻した株式のことを指します。また,自己株式は「金庫株」と呼ばれることもあります。

　自己株式を株式市場から買い戻すと,市場で流通する株式数が減少します。しかし,自己株式を買い戻しても,企業価値は変わりません。そこで,自己株式を買い戻した場合,通常,株価は上昇します。

　このように株価が上昇したならば,株主は,市場で株式を売却してもうけ（キャピタル・ゲイン）を得ることができます。つまり,自己株式を株式市場から買い戻すことは,株主に,株式の購入金額以上の現金をもたらす可能性が生じます。

　株主に現金をもたらす典型的な行為は「配当」（インカム・ゲイン）です。そして,自己株式の取得という行為は,株主に現金をもたらす点で,配当と似ています。

　このようなことから,会社法では,会社が配当や自己株式を取得することをまとめて「分配」と呼んでいます。

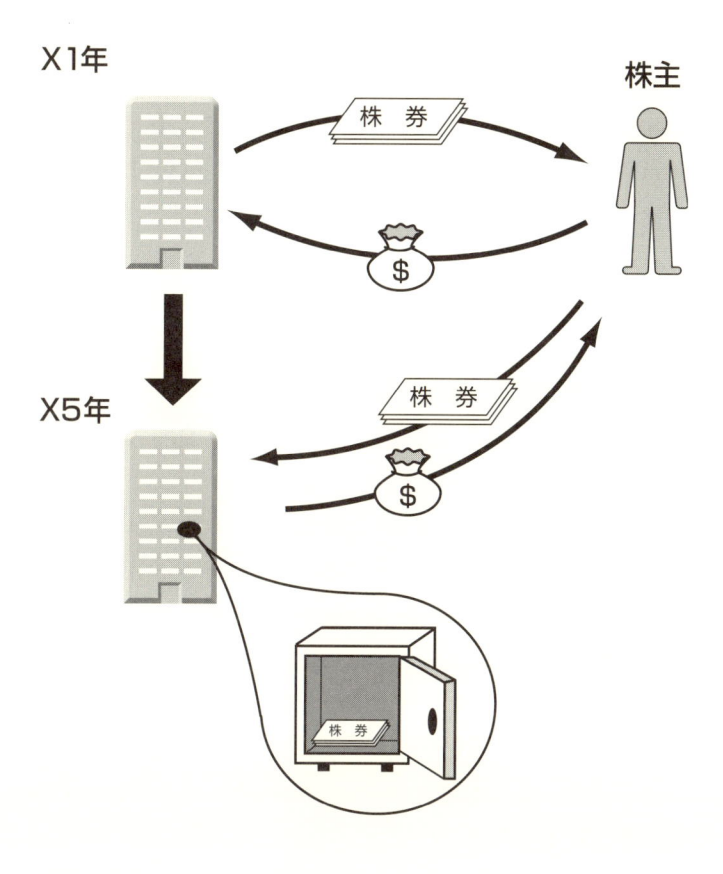

**第3章** 自己株式及び準備金の額の減少等に関する会計基準

## ■自己株式（金庫株）とは？

X1年

株主

株券

$

X5年

株券

$

株券

## 平成13年旧商法改正前の自己株式の処理

　平成13年に改正される以前の旧商法では，原則として自己株式の取得が禁止されていました（平成13年改正前「商法」第210条）。

　しかし，やむを得ず自己株式を取得するケースはありました。

　そこで，平成13年改正前旧商法では，取得した自己株式には他の有価証券と同様に換金性があることなどを根拠に，自己株式を資産と捉え，個別貸借対照表上，取得原価をもって流動資産に計上することとされていました（平成13年改正前「株式会社の貸借対照表，損益計算書，営業報告書及び附属明細書に関する規則」第12条第1項，会計制度委員会報告第2号「自己株式の会計処理及び表示」〈平成14年廃止〉4,5項）。

　他方，会計理論において，自己株式の取得は，資本の減少と考えられています。なぜならば，株式の発行によって資本が増加するのであるから，自己株式の取得は，株式の発行と逆方向の取引であり，減資などの正式な資本減少とはいえないまでも，実質的には資本の減少とすべきであるといえるからです。

　そこで，商法の影響を受けない連結財務諸表において，自己株式は資産計上するのではなく，「資本の部」から控除する項目とされていました。

　つまり，個別財務諸表と連結財務諸表とで，自己株式の取り扱いが異なっていました。

# 第3章 自己株式及び準備金の額の減少等に関する会計基準

## ■平成13年以前の自己株式の処理

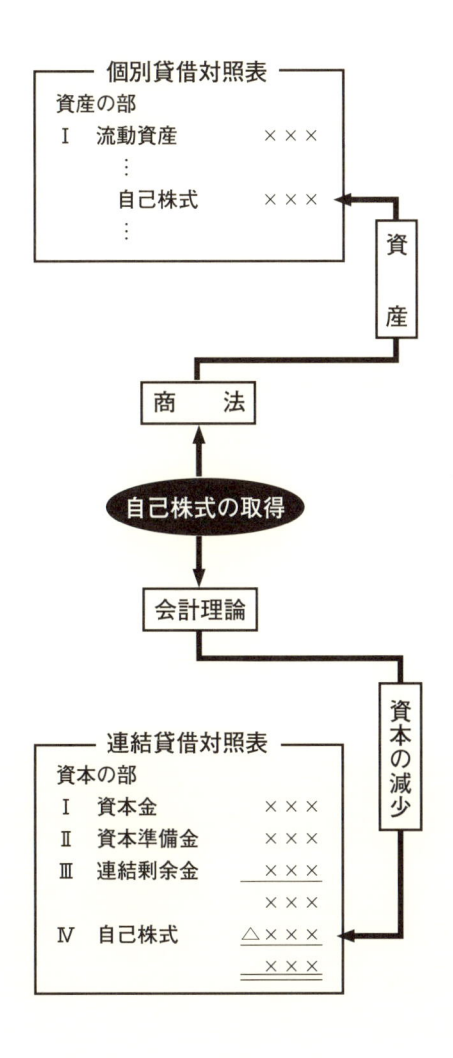

**個別貸借対照表**

資産の部
Ⅰ 流動資産　×××
　⋮
　自己株式　×××
　⋮

→ 資産 → 商　法 → 自己株式の取得 → 会計理論 → 資本の減少 →

**連結貸借対照表**

資本の部
Ⅰ 資本金　　　×××
Ⅱ 資本準備金　×××
Ⅲ 連結剰余金　×××
　　　　　　　×××
Ⅳ 自己株式　△×××
　　　　　　　×××

## 平成13年旧商法改正

平成13年に旧商法が改正され、従来、原則として禁止されていた自己株式の取得が解禁されました（平成13年改正後「商法」第210条）。これに伴い、法務省令である「株式会社の貸借対照表、損益計算書、営業報告書及び附属明細書に関する規則」も改正され、「自己株式は、（中略）資本の部に別に自己株式の部を設けて控除する形式で記載しなければならない。」（同規則第34条第4項）とされました。

## 「自己株式及び法定準備金の額の取崩等に関する会計基準」の公表

平成13年改正商法で、自己株式の取得及び保有規制の見直しがなされ、同時に法定準備金（資本準備金、利益準備金）の減少手続も変更されたことから、企業会計基準委員会は、発足後初となる企業会計基準第1号「自己株式及び法定準備金の額の取崩等に関する会計基準」（現在は「自己株式及び準備金の減少等に関する会計基準」に名称変更されています）を公表しました。

この会計基準では、以下の2つが定められています。

① 自己株式の会計処理及び表示
② 資本金及び準備金の額の減少の会計処理

なお、この会計基準は、公表後、平成17年12月及び平成18年8月に改正されているため、以下は、平成18年最終改正後の会計基準に基づいて、説明します。

## ■平成13年以降の自己株式の処理

### 平成13年以前

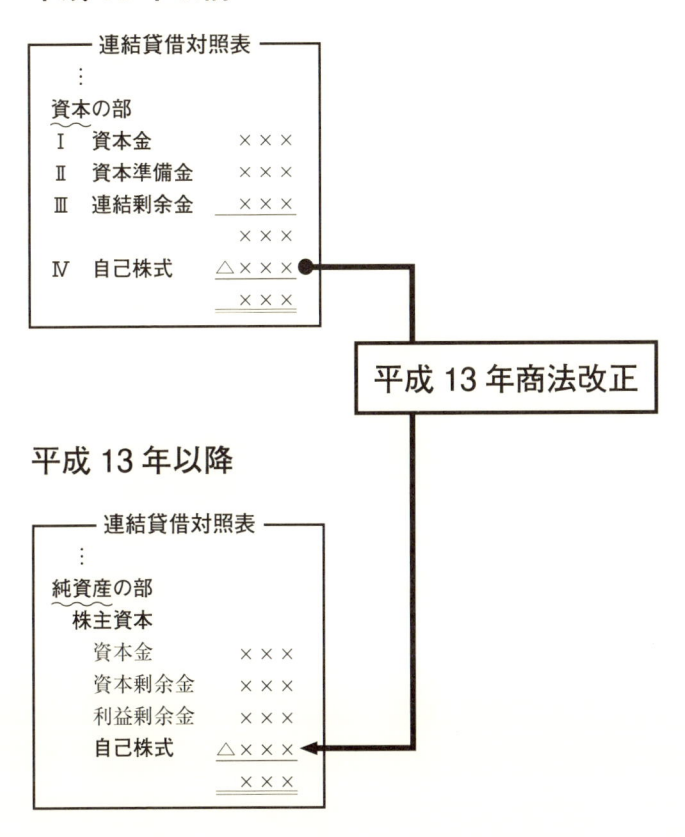

```
┌─── 連結貸借対照表 ───┐
│ ⋮                      │
│ 資本の部               │
│  Ⅰ 資本金      ×××  │
│  Ⅱ 資本準備金  ×××  │
│  Ⅲ 連結剰余金  ×××  │
│                 ×××  │
│  Ⅳ 自己株式   △×××  │
│                 ×××  │
└────────────────────────┘
```

平成13年商法改正

### 平成13年以降

```
┌─── 連結貸借対照表 ───┐
│ ⋮                      │
│ 純資産の部             │
│  株主資本              │
│   資本金       ×××   │
│   資本剰余金   ×××   │
│   利益剰余金   ×××   │
│   自己株式    △×××   │
│                ×××   │
└────────────────────────┘
```

## 自己株式の会計処理

　取得した自己株式は，取得原価をもって処理し，期末時点で保有する自己株式は，純資産の部の「株主資本」の末尾に自己株式として一括して控除する形式で表示します。なお，取得に関する付随費用は取得原価に含めず，損益計算書の営業外費用に計上します。

　また，自己株式を処分した場合（自己株式を株式市場で売却することなど），自己株式の処分の対価（処分したときの金額）と処分した自己株式の帳簿価額との差額である自己株式処分差額は，当該差額が正の値のときは「自己株式処分差益」とし，負の値のときは「自己株式処分差損」として処理します。なお，自己株式処分差益は，貸借対照表上，「その他資本剰余金」に計上し，自己株式処分差損は，「その他資本剰余金」から減額させます。また，自己株式処分差損をその他資本剰余金から減額させた結果，会計期間末において，その他資本剰余金の残高がマイナスの値になった場合には，「その他資本剰余金」をゼロとし，そのマイナスの値をその他利益剰余金（繰越利益剰余金）から減額させます。

　さらに，自己株式を消却した場合（自己株式が二度と株式市場で流通しないようにすること）には，消却手続が完了したときに，消却対象となった自己株式の帳簿価額を「その他資本剰余金」から減額させます。

　なお，自己株式の処分及び消却時の帳簿価額は，移動平均法等の会社が定めた計算方法に従って，自己株式の種類ごとに算定します。また，自己株式の取得のみならず，処分及び消却に

# 第3章 自己株式及び準備金の額の減少等に関する会計基準

## ■自己株式の取得・処分・消却とは？

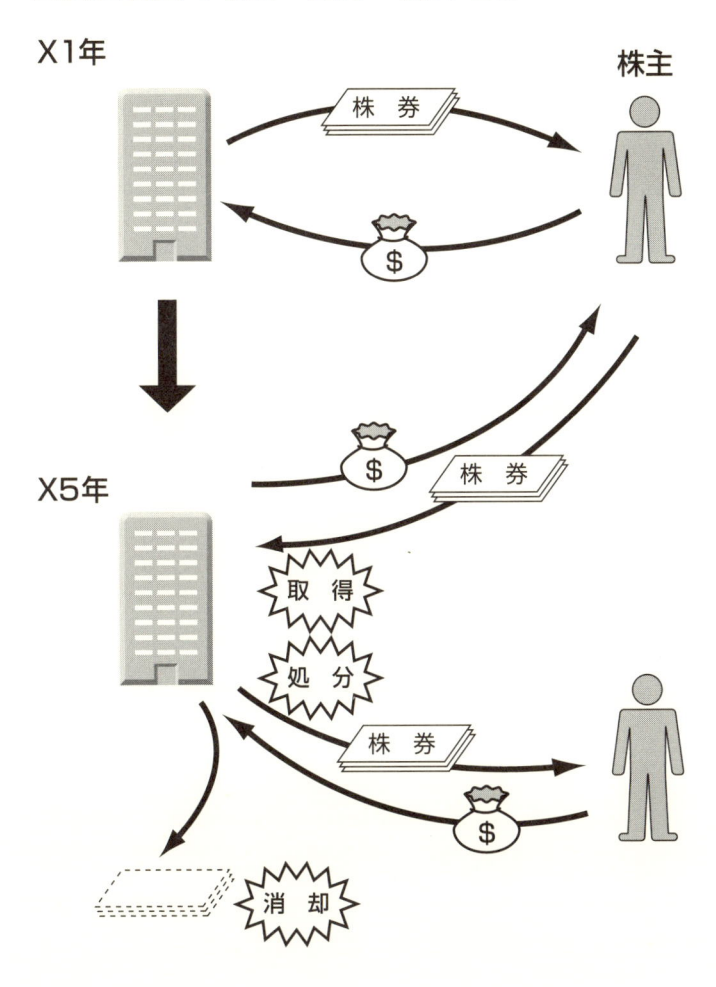

X1年

X5年

取得

処分

消却

関する付随費用も，損益計算書の営業外費用に計上します。

## 資本金及び準備金の額の減少の会計処理

会社法の規定により，資本金及び準備金（資本準備金及び利益準備金）を取り崩すことができます（「会社法」第447条～449条）。

そこで，資本金及び資本準備金の額の減少によって生じる剰余金は，減少の法的効力が発生したときに「その他資本剰余金」に計上します。また，利益準備金の額の減少によって生じる剰余金は，減少の法的効力が発生したときに「その他利益剰余金（繰越利益剰余金）」に計上します。

なお，「その他資本剰余金」と「その他利益剰余金」は，配当などを行う時の分配原資です。そのため，資本金及び準備金の取崩は，分配原資を増加させているとみることもできます。

## 適用時期等

「自己株式及び法定準備金の額の取崩等に関する会計基準」は，平成14年2月に企業会計基準委員会（ASBJ）から公表され，平成14年4月から適用されています。

なお，この会計基準は，平成14年2月21日に公表された後，会社法の公布・施行に伴い，平成17年12月27日及び平成18年8月11日に改正され，名称を「自己株式及び準備金の減少等に関する会計基準」と改め，適用されています。

第3章　自己株式及び準備金の額の減少等に関する会計基準

## ■資本金及び準備金の取崩とは？

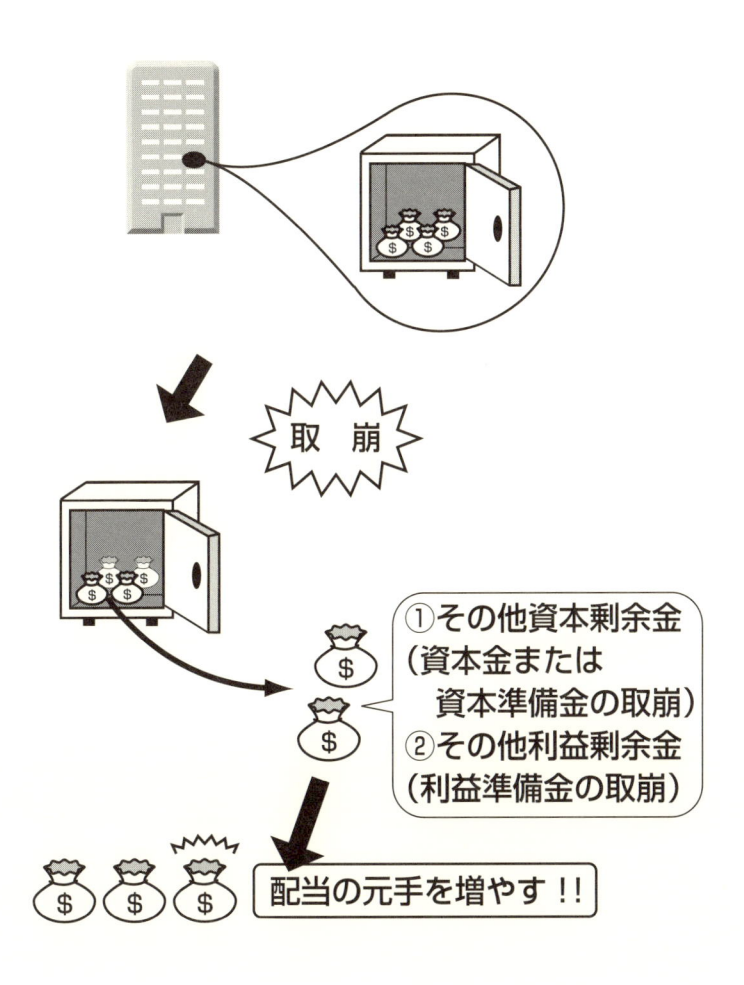

取崩

①その他資本剰余金
（資本金または
　資本準備金の取崩）
②その他利益剰余金
（利益準備金の取崩）

配当の元手を増やす！！

# 第4章

# 株主資本等変動計算書に関する会計基準

~Chapter 4~

## ⚖️ 「株主資本等変動計算書」という財務諸表

　第1章でみたように，株主資本等変動計算書は，貸借対照表の純資産の部の一会計期間における変動額のうち，主として，株主に帰属する部分である株主資本の各項目の変動事由を報告するために作成するものです。

　従来，株主資本項目を変動させるためには，通常，株主総会の決議が必要でした。また，第1章でみたように，資本金や資本剰余金などは，一会計期間内での変動が少ないことが大半でした。そこで，株主資本項目の前期と当期との連続性が問題となることは少ないといえました。

　しかし，会社法が施行された結果，取締役会の決議により剰余金の配当をいつでも決定でき，また，株主資本に記載されている項目の金額をいつでも変動させることができるとされました。そのため，貸借対照表と損益計算書だけでは，株主資本項目の連続性を把握することが困難になっています。

　そこで，会社法の施行に伴い，「株主資本等変動計算書」という新たな財務諸表を作成・公表することとなりました。

第4章　株主資本等変動計算書に関する会計基準

## ■株主資本項目はこのようにつながっている!!

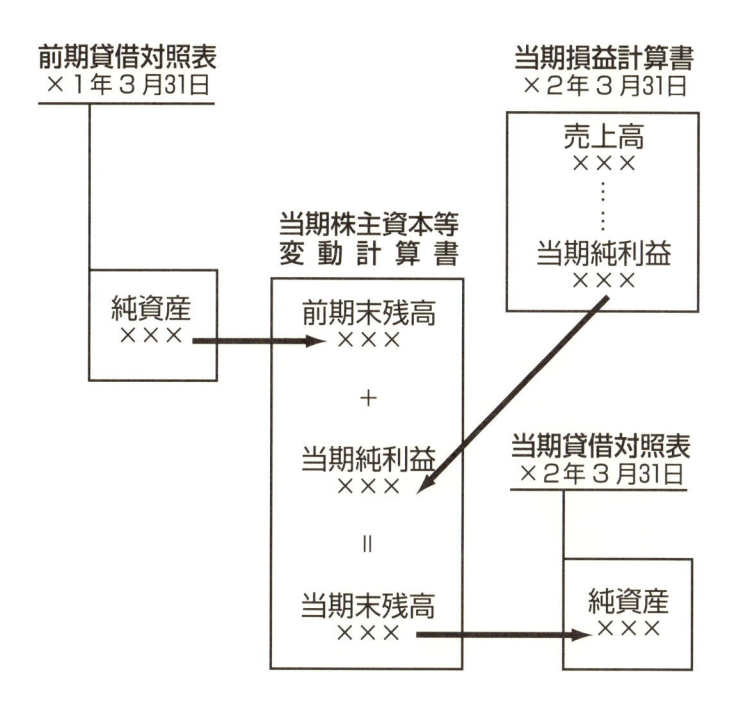

**前期貸借対照表**
×1年3月31日

| 純資産 |
| ××× |

**当期株主資本等変動計算書**

前期末残高
×××

＋

当期純利益
×××

＝

当期末残高
×××

**当期損益計算書**
×2年3月31日

売上高
×××
⋮
当期純利益
×××

**当期貸借対照表**
×2年3月31日

| 純資産 |
| ××× |

## 株主資本の変動事由

ここでは，株主資本の変動事由の一部を示します。

① 資本金及び資本準備金の変動事由
　　　新株の発行による増資
　　　資本準備金から資本金への振替（資本組入）
　　　資本金（資本準備金）の減少によるその他資本剰余金の増加
② 利益準備金の変動事由
　　　利益剰余金の配当に伴う利益準備金の積立
③ 任意積立金の変動事由
　　　任意積立金の積立・取崩
④ 繰越利益剰余金の変動事由
　　　当期純利益
　　　利益剰余金の配当
　　　任意積立金の積立・取崩
⑤ 自己株式の変動事由
　　　自己株式の取得・処分・消却

なお，上記以外の事由であっても，株主資本を変動させるものがあれば，株主資本等変動計算書に記載しなければなりません。

# 第4章 株主資本等変動計算書に関する会計基準

## ■株主資本等変動計算書上ではココにあらわれる!!

株主資本
  資本金
    前期末残高
    当期変動額
    ① **新株の発行**
      ……………
    当期変動額合計
    当期末残高
  資本剰余金
    資本準備金
      前期末残高
      当期変動額
      ① **新株の発行**
        ……………
      当期変動額合計
      当期末残高
    その他資本剰余金
      前期末残高
      当期変動額
        ……………
      当期変動額合計
      当期末残高
    資本剰余金合計
      前期末残高
      当期変動額
        新株の発行
        ……………
      当期変動額合計
      当期末残高

  利益剰余金
    利益準備金
      前期末残高
      当期変動額
      ② **剰余金の配当**
        ……………
      当期変動額合計
      当期末残高
    その他利益剰余金
      任意積立金
        前期末残高
        当期変動額
          ……………
        当期変動額合計
        当期末残高
      繰越利益剰余金
        前期末残高
        当期変動額
        ④ **剰余金の配当**
        ④ **当期純利益**
          ……………
        当期変動額合計
        当期末残高
    利益剰余金合計
      前期末残高
      当期変動額
        剰余金の配当
        当期純利益
        ……………
      当期変動額合計
      当期末残高
  自己株式
    前期末残高
    当期変動額

    ⑤ **自己株式の処分**
      ……………
    当期変動額合計
    当期末残高
  **株主資本合計**
    前期末残高
    当期変動額
      新株の発行
      剰余金の配当
      当期純利益
      自己株式の処分
      ……………
    当期変動額合計
    当期末残高

## 株主資本以外の項目の変動

 株主資本以外の項目である,評価・換算差額等(その他有価証券評価差額金など)や新株予約権も,当然に一会計期間内に変動します。株主資本等変動計算書では,これらの項目についても,その変動を記載することとされています。

 ただし,株主資本と株主資本以外の項目とでは変動事由ごとの金額に関する情報の有用性が異なり,また,株主資本以外の項目を変動事由ごとに表示することに対する事務負担の増大などを考慮し,株主資本以外の項目については,変動事由ごとに表示するのではなく,原則として,当期変動額を純額で表示することとされています。

 しかし,この原則規定は,株主資本以外の項目について変動事由ごとにその金額を表示することを妨げる趣旨ではないため,株主資本以外の項目であっても,主な変動事由及びその金額を株主資本等変動計算書に表示あるいは注記することができます。

## 適用時期等

 「株主資本等変動計算書に関する会計基準」は,平成17年12月に企業会計基準委員会(ASBJ)から公表され,会社法が施行された平成18年5月から適用されています。

# 第5章

## キャッシュ・フロー計算書

~Chapter 5~

## ⚖ 「キャッシュ・フロー計算書」という財務諸表

第1章でみたように,キャッシュ・フロー計算書は,会社の一会計期間におけるキャッシュ・フローの状況を報告するために作成するものです。

では,そもそもキャッシュ・フローとは何でしょうか？

キャッシュ・フロー(Cash Flow)を直訳すれば「お金の流れ」です。ちょっと堅くいえば,「資金の増減」となります。

そのため,資金の増減を伴わない交換取引などは,キャッシュ・フロー計算書に記載されません。また,両替などの取引は,個々のお金には増減が生じますが,資金全体としては増減しませんので,キャッシュ・フロー計算書に記載されません。

## ⚖ 資金(キャッシュ)とはそもそも何か？

ところで,みなさん,「キャッシュ」といわれて,何を思い浮かべますか？

財布に入っている硬貨や紙幣(合わせて手許現金といいます)を思い浮かべる人が大半かと思います。

実は,キャッシュ・フロー計算書における「資金(キャッシュ)」は,もっと広い概念なのです。

結論からいいますと,「資金(キャッシュ)」は,以下のものを指します。

　　　資　金＝①現金＋②現金同等物
　　①　現金
　　　　手許現金＋要求払預金(当座預金,普通預金など)

② 現金同等物

　容易に換金可能であり，かつ，価値の変動について僅少なリスクしか負わないような短期投資

　例えば，取得日から満期日までの期間が３カ月以内の定期預金など

あれ？　と思った方いませんか？

特に①現金の箇所です。

①現金の中に，普通預金などが入っている…と。

そうなのです。キャッシュ・フロー計算書における「現金」には，「預金」として知られている「普通預金」や「当座預金」が含まれるのです。

また，定期預金であっても，一般に預入期間が３カ月以内のものは，「現金同等物」に該当するため，「資金（キャッシュ）」として取り扱われるのです。

このように，「キャッシュ・フロー計算書」における「資金（キャッシュ）」は，一般的な「現金」という概念よりも広いものを指すということをまずは知っておきましょう。

## ■資金のイメージ

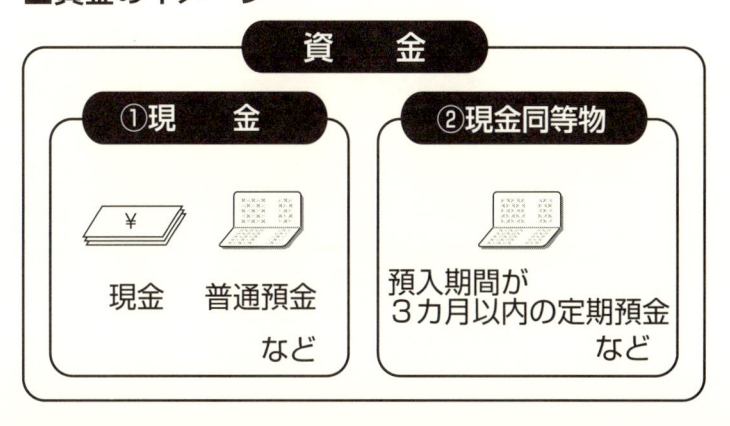

**資　金**

**①現　金**
現金　普通預金
など

**②現金同等物**
預入期間が
３カ月以内の定期預金
など

# キャッシュ・フロー計算書の活動区分

第1章では簡単な説明しかしていませんが，キャッシュ・フロー計算書は，一会計期間におけるキャッシュ・フローの状況を一定の活動区分別に表示するものです。具体的には，キャッシュ・フローを「営業活動」「投資活動」「財務活動」に分けて表示します。

そして，これら3つの活動によるキャッシュ・フローを合計した金額に，期首の資金の金額（「現金及び現金同等物の期首残高」）を加算し，期末の資金の金額（「現金及び現金同等物の期末残高」）を算出しているのが「キャッシュ・フロー計算書」の仕組みです。

## ■キャッシュのイメージ

キャッシュ

| 増加 { | 期首残高 | 営業活動による支出 | } 減少 |
|---|---|---|---|
| | 営業活動による収入 | 投資活動による支出 | |
| | 投資活動による収入 | 財務活動による支出 | |
| | 財務活動による収入 | 期末残高 | |

## ■キャッシュ・フロー計算書はどういうものか？

| | | |
|---|---:|---|
| 営業活動によるキャッシュ・フロー | | |
| 　営業活動による収入 | ×××  | |
| 　営業活動による支出 | △ ××× | |
| 　営業活動によるキャッシュ・フロー | ××× | ① |
| 投資活動によるキャッシュ・フロー | | |
| 　投資活動による支出 | △ ××× | |
| 　投資活動による収入 | ××× | |
| 　投資活動によるキャッシュ・フロー | ××× | ② |
| 財務活動によるキャッシュ・フロー | | |
| 　財務活動による収入 | ××× | |
| 　財務活動による支出 | △ ××× | |
| 　財務活動によるキャッシュ・フロー | ××× | ③ |
| 現金及び現金同等物の増減額 | ××× | ④※ |
| 現金及び現金同等物の期首残高 | ××× | ⑤ |
| 現金及び現金同等物の期末残高 | ××× | ⑥※ |

※　④＝①＋②＋③
　　⑥＝④＋⑤

## 営業活動によるキャッシュ・フローの区分

「営業活動によるキャッシュ・フロー」の区分には，売上などの販売活動や仕入などの購買活動から生じたキャッシュ・フローなど，営業損益の対象となった取引に関するキャッシュ・フローが記載されます。そのため，人件費や経費での支出も「営業活動によるキャッシュ・フロー」とされます。

ただし，「営業活動によるキャッシュ・フロー」には，他の区分の「投資活動によるキャッシュ・フロー」「財務活動によるキャッシュ・フロー」に含まれないキャッシュ・フローも記載されます。このような取引の典型例としては，法人税等の支払や，損害賠償金の支払，災害による保険金収入があります。

「営業活動によるキャッシュ・フロー」の金額は，企業が外部からの資金調達に頼ることなく，営業能力を維持し，新規投資を行い，借入金を返済し，配当を支払うためにどの程度の資金を主たる営業活動から獲得したかを示す情報となります。

なお，営業損益の対象となった取引に関するキャッシュ・フローと，他の区分の「投資活動によるキャッシュ・フロー」「財務活動によるキャッシュ・フロー」に含まれないキャッシュ・フローとを区別するため，まずは，営業損益の対象となった取引に関するキャッシュ・フローで小計を計算し，その後に，他の区分に含まれないキャッシュ・フローを加減算することで，「営業活動によるキャッシュ・フロー」の合計を表示しています。

## 第5章 キャッシュ・フロー計算書

## ■営業活動によるキャッシュ・フローとは？

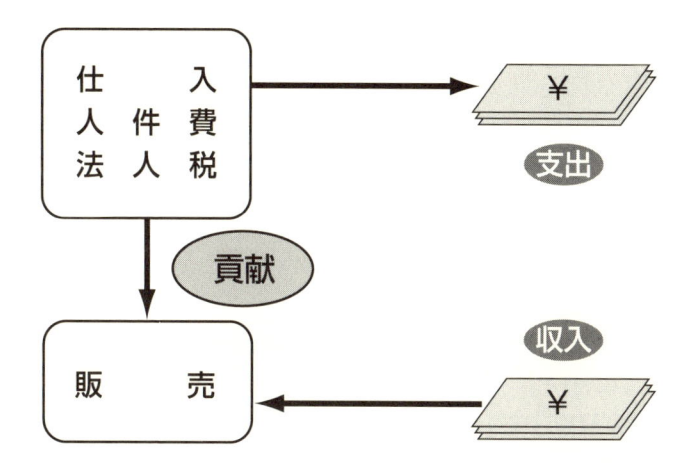

仕　　入
人　件　費
法　人　税

→ ¥ 支出

貢献

販　　売 ← ¥ 収入

## 投資活動によるキャッシュ・フローの区分

「投資活動によるキャッシュ・フロー」の区分には、固定資産の取得による支出や売却による収入、有価証券の取得による支出や売却による収入、貸付金の貸付けによる支出や回収による収入などが記載されます。

「投資活動によるキャッシュ・フロー」の金額は、将来の利益獲得及び資金運用のためにどの程度の資金を支出し、または回収したかを示す情報となります。

## 財務活動によるキャッシュ・フローの区分

「財務活動によるキャッシュ・フロー」の区分には、資金の調達や返済によるキャッシュ・フローが記載されます。具体的には、社債の発行や借入れによる収入、社債の償還や借入金の返済による支出、株式の発行による収入、自己株式の取得による支出、配当金の支払額などが記載されます。

「財務活動によるキャッシュ・フロー」の金額は、営業活動や投資活動を維持するためにどの程度の資金が調達または返済されたかを示す情報となります。

## ■投資活動によるキャッシュ・フローとは？

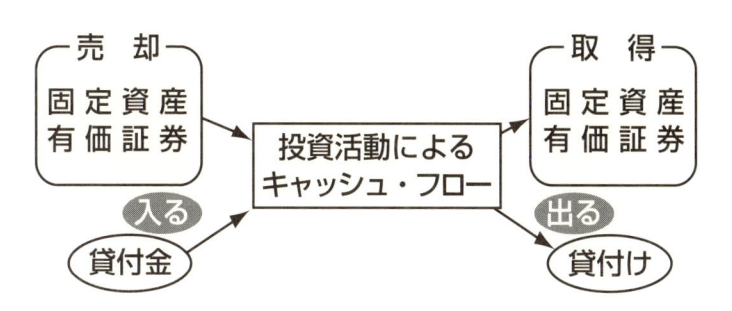

```
┌売 却─┐                              ┌取 得─┐
│固定資産│                              │固定資産│
│有価証券│──┐                      ┌─→│有価証券│
└────┘  │  ┌──────────┐  │   └────┘
       入る │ 投資活動による │ 出る
┌────┐  │ │キャッシュ・フロー│ │  ┌────┐
│貸付金 │──┘ └──────────┘ └─→│貸付け │
└────┘                              └────┘
```

## ■財務活動によるキャッシュ・フローとは？

```
┌─────┐  入る               出る  ┌─────┐
│社債発行 │   ┌──────────┐     │社債償還 │
│借 入 金 │──→│ 財務活動による │──→│借入金の返済│
│新株の発行│   │キャッシュ・フロー│    │自己株式の取得│
└─────┘   └──────────┘     │配 当 金 │
                                  └─────┘
```

## 利息及び配当金に係るキャッシュ・フロー

　利息及び配当金に係るキャッシュ・フローの記載方法は2つあります。

① 受取利息，受取配当金及び支払利息に係るキャッシュ・フローを「営業活動によるキャッシュ・フロー」の区分に記載し，支払配当金に係るキャッシュ・フローを「財務活動によるキャッシュ・フロー」の区分に記載する
② 受取利息及び受取配当金に係るキャッシュ・フローを「投資活動によるキャッシュ・フロー」の区分に記載し，支払利息及び支払配当金に係るキャッシュ・フローを「財務活動によるキャッシュ・フロー」の区分に記載する

　いずれの方法も，支払配当金に係るキャッシュ・フローを「財務活動によるキャッシュ・フロー」に記載する点では同じです。しかし，受取利息，受取配当金及び支払利息に係るキャッシュ・フローについてはどちらを適用するかによって，異なってきます。
　なお，損益計算書上，有価証券利息として表示される金額は，キャッシュ・フロー計算上，受取利息の金額に含めます。同様に，損益計算書上，社債利息として表示される金額は，キャッシュ・フロー計算上，支払利息の金額に含めます。

# ■利息及び配当金に係るキャッシュ・フロー

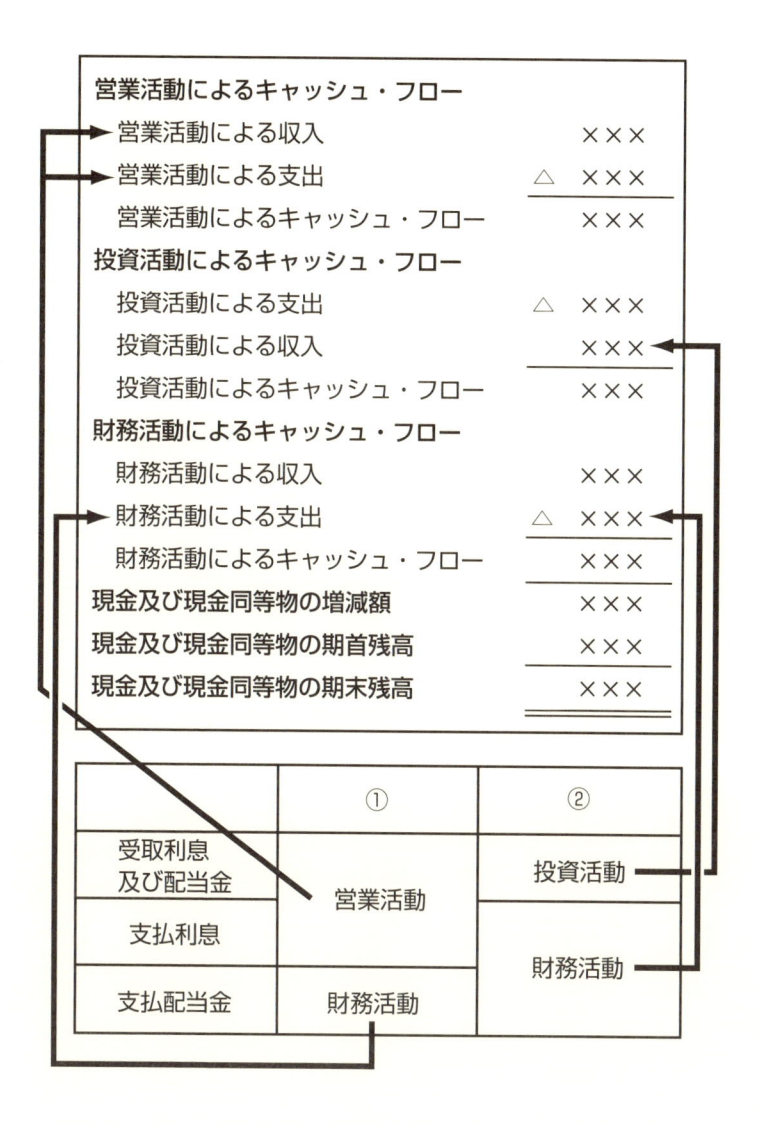

```
営業活動によるキャッシュ・フロー
  営業活動による収入              ×××
  営業活動による支出            △ ×××
  営業活動によるキャッシュ・フロー    ×××
投資活動によるキャッシュ・フロー
  投資活動による支出            △ ×××
  投資活動による収入              ×××
  投資活動によるキャッシュ・フロー    ×××
財務活動によるキャッシュ・フロー
  財務活動による収入              ×××
  財務活動による支出            △ ×××
  財務活動によるキャッシュ・フロー    ×××
現金及び現金同等物の増減額         ×××
現金及び現金同等物の期首残高       ×××
現金及び現金同等物の期末残高       ×××
```

|  | ① | ② |
|---|---|---|
| 受取利息及び配当金 | 営業活動 | 投資活動 |
| 支払利息 |  | 財務活動 |
| 支払配当金 | 財務活動 |  |

## 「営業活動によるキャッシュ・フロー」の表示方法（直接法）

　「営業活動によるキャッシュ・フロー」は，「直接法」または「間接法」により表示しなければなりません。

　「直接法」とは，営業収入や原材料または商品の仕入れによる支出など，主要な取引ごとにキャッシュ・フローを総額表示する方法です。

　直接法で表示される「営業活動によるキャッシュ・フロー」は，営業活動に係る資金の増減が主要な取引ごとに総額で表示される点にメリットがあるといわれています。

　しかし，主要な取引ごとにキャッシュ・フローに関する基礎データを用意する必要があるため，実務上煩雑なことが多いといわれています。したがって実際は，「営業活動によるキャッシュ・フロー」を直接法で表示している会社は非常に少ないです。

# ■直接法による表示

| | |
|---|---:|
| 営業活動によるキャッシュ・フロー | |
| 営業収入 | ×× ×|
| 　原材料又は商品の仕入れによる支出 | △××× |
| 　人件費の支出 | △××× |
| 　その他の営業支出 | △××× |
| 　小計 | ××× |
| 　利息及び配当金の受取額 | ××× |
| 　利息の支払額 | △××× |
| 　………………… | |
| 　法人税等の支払額 | △××× |
| 　営業活動によるキャッシュ・フロー | ××× |
| 投資活動によるキャッシュ・フロー | |
| 　………………… | |
| 　有形固定資産の取得による支出 | △××× |
| 　………………… | |
| 　投資有価証券の売却による収入 | ××× |
| 　貸付けによる支出 | △××× |
| 　貸付金の回収による収入 | ××× |
| 　………………… | |
| 　投資活動によるキャッシュ・フロー | ××× |
| 財務活動によるキャッシュ・フロー | |
| 　短期借入れによる収入 | ××× |
| 　短期借入金の返済による支出 | △××× |
| 　………………… | |
| 　社債の発行による収入 | ××× |
| 　………………… | |
| 　株式の発行による収入 | ××× |
| 　自己株式の取得による支出 | △××× |
| 　配当金の支払額 | △××× |
| 　………………… | |
| 　財務活動によるキャッシュ・フロー | ××× |
| 現金及び現金同等物の増減額 | ××× |
| 現金及び現金同等物の期首残高 | ××× |
| 現金及び現金同等物の期末残高 | ××× |

## 「営業活動によるキャッシュ・フロー」の表示方法（間接法）

「間接法」とは，税引前当期純利益に①非資金損益項目，②営業活動に係る資産及び負債の増減,③「投資活動によるキャッシュ・フロー」及び「財務活動によるキャッシュ・フロー」の区分に含まれる損益項目を加減して表示する方法です。

ここで，①非資金損益項目とは，損益計算書の税引前当期純利益の計算には反映されますが，キャッシュ・フローを伴わない項目をいい，減価償却費や貸付金に係る貸倒引当金増加額などが該当します。

また，②営業活動に係る資産及び負債の増減とは，売上債権（受取手形及び売掛金）の増減やたな卸資産の増減,仕入債務（支払手形及び買掛金）の増減などを意味します。

さらに，③「投資活動によるキャッシュ・フロー」及び「財務活動によるキャッシュ・フロー」の区分に含まれる損益項目とは，受取利息（有価証券利息を含む）及び受取配当金，支払利息（社債利息を含む），投資有価証券売却損益，固定資産売却損益などを意味し，通常，損益計算書の営業外損益・特別損益に計上されている項目です。ただし，たな卸資産評価損や手形売却損，売上債権から生じた貸倒損失など，損益計算書の営業外損益・特別損益に計上されている項目であっても，営業活動から生じる損益は含まれません。

# ■間接法による表示

| | |
|---|---:|
| 営業活動によるキャッシュ・フロー | |
| 　税引前当期純利益（又は税引前当期純損失） | ×××  |
| 　減価償却費 | ×××  |
| 　減損損失 | ×××  |
| 　貸倒引当金の増減額（△は減少） | ×××  |
| 　受取利息及び受取配当金 | △×××  |
| 　支払利息 | ×××  |
| 　為替差損益（△は益） | ×××  |
| 　有形固定資産売却損益（△は益） | △×××  |
| 　損害賠償損失 | ×××  |
| 　売上債権の増減額（△は増加） | △×××  |
| 　たな卸資産の増減額（△は増加） | ×××  |
| 　仕入債務の増減額（△は減少） | △×××  |
| 　………………… | |
| 　小計 | ×××  |
| 　利息及び配当金の受取額 | ×××  |
| 　利息の支払額 | △×××  |
| 　………………… | |
| 　法人税等の支払額 | △×××  |
| 　営業活動によるキャッシュ・フロー | ×××  |
| 投資活動によるキャッシュ・フロー | |
| 　…………………（直接法と同じ） | |
| 　投資活動によるキャッシュ・フロー | ×××  |
| 財務活動によるキャッシュ・フロー | |
| 　…………………（直接法と同じ） | |
| 　財務活動によるキャッシュ・フロー | ×××  |
| 現金及び現金同等物の増減額 | ×××  |
| 現金及び現金同等物の期首残高 | ×××  |
| 現金及び現金同等物の期末残高 | ×××  |

## 純額表示が容認される場合

公表されている上場企業のキャッシュ・フロー計算書をみると,「財務活動によるキャッシュ・フロー」の区分の最初に,「短期借入金の純増加額」という項目を記載している場合があります。

キャッシュ・フロー計算書は,間接法で営業活動によるキャッシュ・フローを表示している場合を除き,取引は総額表示されるのが原則です。そのため,キャッシュ・フロー計算書において,短期借入金の借入れ及び返済については,「短期借入金の借入れによる収入」と「短期借入金の返済による支出」の2項目が記載されるのが原則です。

しかし,期間が短く,かつ,回転が速い項目に係るキャッシュ・フローについては,純額で表示することが認められています。

そのため,短期借入金の借換(返済と同時に借り入れること)などにおいては,「短期借入金の借入れによる収入」と「短期借入金の返済による支出」の2項目を加減算させて「短期借入金の純増加額」として記載することができるのです。

## 適用時期等

「連結キャッシュ・フロー計算書等に関する作成基準」は,平成10年3月に企業会計審議会から公表され,平成11年4月1日以後開始する事業年度から適用されています。

## ■本来のキャッシュ・フロー計算書と純額表示が容認される場合

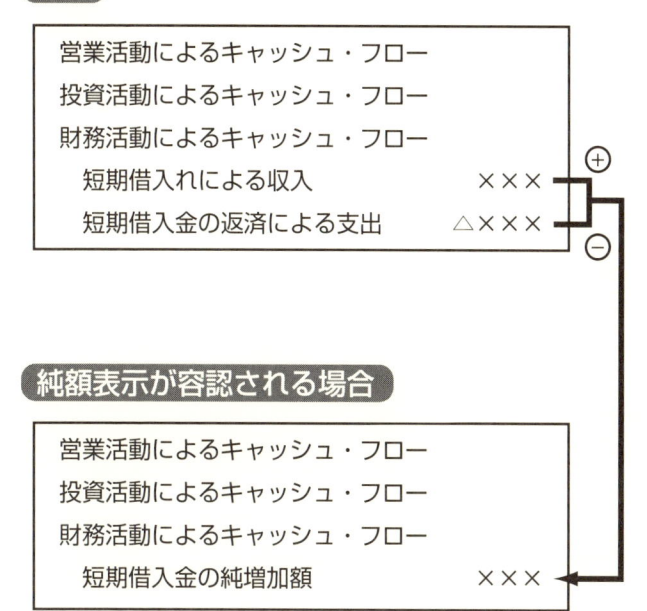

### 本来

営業活動によるキャッシュ・フロー
投資活動によるキャッシュ・フロー
財務活動によるキャッシュ・フロー
　短期借入れによる収入　　　　×××　＋
　短期借入金の返済による支出　△×××　－

### 純額表示が容認される場合

営業活動によるキャッシュ・フロー
投資活動によるキャッシュ・フロー
財務活動によるキャッシュ・フロー
　短期借入金の純増加額　　　　×××

# 第6章
# 連結財務諸表
## （初級編）

~Chapter 6~

## 連結財務諸表制度について

　連結財務諸表は，昭和52年4月1日以後開始する事業年度から公表されており，現在では，我が国の会計実務に深く浸透している制度です。

　従来，我が国の会計制度は，個別財務諸表がメインであり，連結財務諸表は，投資情報として補足的な位置づけでした。

　しかし，子会社等を通じての経済活動の拡大や海外における資金調達活動の活発化など，我が国企業の多角化・国際化が進展し，また，我が国証券市場への外国人投資家の参入が増加するなど，我が国企業を取り巻く環境が著しく変化してきました。また，企業の側においても，連結経営を重視する傾向が強まってきました。

　これらの要因を踏まえ，連結ベースのディスクロージャーの充実が求められるようになり，平成11年4月1日以後開始する事業年度からの我が国の会計制度は，連結財務諸表をメインとし，個別財務諸表は投資情報として補足的な位置づけに変更されました。また，同時にキャッシュ・フロー計算書の作成が義務づけられるようになり（→ 第5章），連結キャッシュ・フロー計算書が新たに連結財務諸表に含められるようになりました（→ pp.vi–vii）。

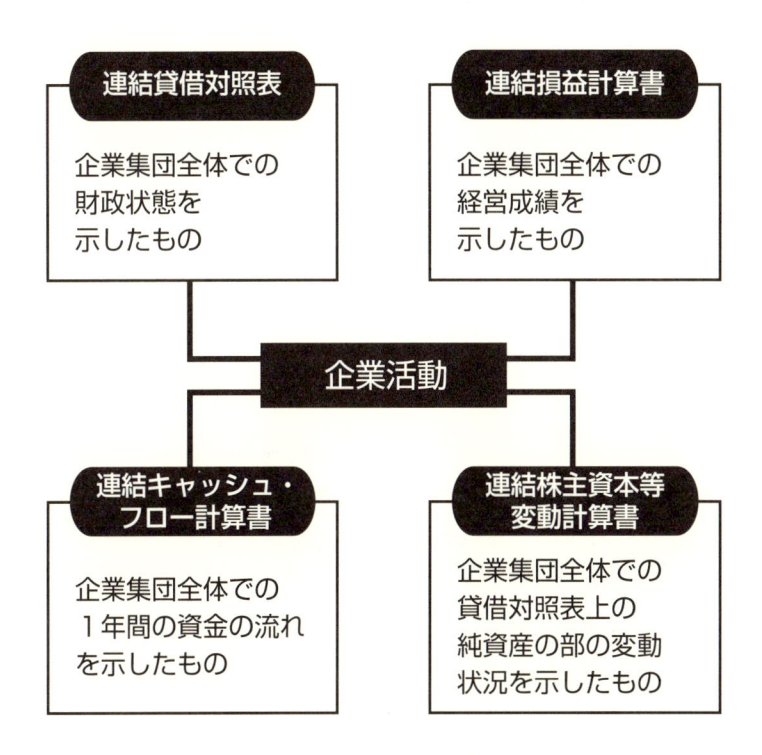

## ■財務諸表はこう変わった!!

**連結貸借対照表**
企業集団全体での財政状態を示したもの

**連結損益計算書**
企業集団全体での経営成績を示したもの

**企業活動**

**連結キャッシュ・フロー計算書**
企業集団全体での1年間の資金の流れを示したもの

**連結株主資本等変動計算書**
企業集団全体での貸借対照表上の純資産の部の変動状況を示したもの

## 連結財務諸表

現在，連結財務諸表として公表されているのは，以下の4表です。

① 連結貸借対照表
② 連結損益計算書
③ 連結株主資本等変動計算書
④ 連結キャッシュ・フロー計算書

ただし，平成18年5月の会社法施行前は，③連結株主資本等変動計算書ではなく，⑤連結剰余金計算書が公表されていました。

この⑤連結剰余金計算書における連結剰余金は，現在の財務諸表における利益剰余金に相当する概念であることから，⑤連結剰余金計算書は，③連結株主資本等変動計算書に包含されているとみることができます。

また，④連結キャッシュ・フロー計算書を作成している会社において，個別財務諸表の公表は，貸借対照表，損益計算書，株主資本等変動計算書に限られており，（個別）キャッシュ・フロー計算書の公表は求められていません。

# 第6章 連結財務諸表（初級編）

## ■連結財務諸表はこう変わった!!

今

① 連結貸借対照表
② 連結損益計算書
③ 連結株主資本等変動計算書
④ 連結キャッシュ・フロー計算書

包含

＝＝＝ H18.5　会社法施行 ＝＝＝

昔

連結貸借対照表
連結損益計算書
⑤ 連結剰余金計算書
連結キャッシュ・フロー計算書

## 個別財務諸表と連結財務諸表の比較

　連結財務諸表固有のごく一部の科目を除き，個別財務諸表（→第1章）と，連結財務諸表の見た目はほぼ同じです。

　しかし，連結財務諸表の表示科目について，連結の範囲に含まれるすべての会社の個別財務諸表で用いられている科目を使用すると，膨大な数になるおそれがあります。そして，そのように作成された連結財務諸表は，非常に読みにくいものとなってしまい，投資情報としての有用性を損なってしまう可能性があります。

　そこで，投資情報としての有用性を損なわない範囲で，表示科目は統合されています。例えば，個別貸借対照表において，「受取手形」と「売掛金」は区別して表示されるのが通常ですが，連結貸借対照表においては，両者はまとめて「受取手形及び売掛金」として表示されます。また，個別損益計算書において，売上原価はその内訳科目（期首商品たな卸高，当期商品仕入高など）まで表示するのが通常ですが，連結損益計算書においては，単に「売上原価」としてのみ表示されます。

**第6章** 連結財務諸表（初級編） 65

# ■個別財務諸表と連結財務諸表

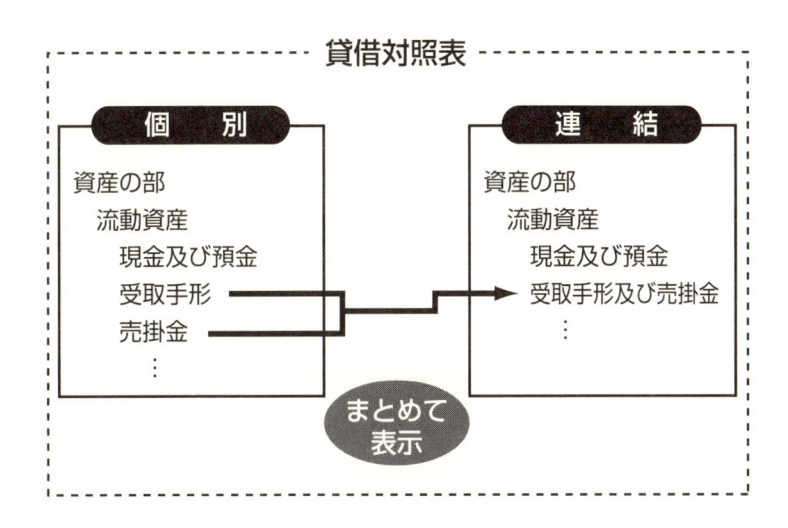

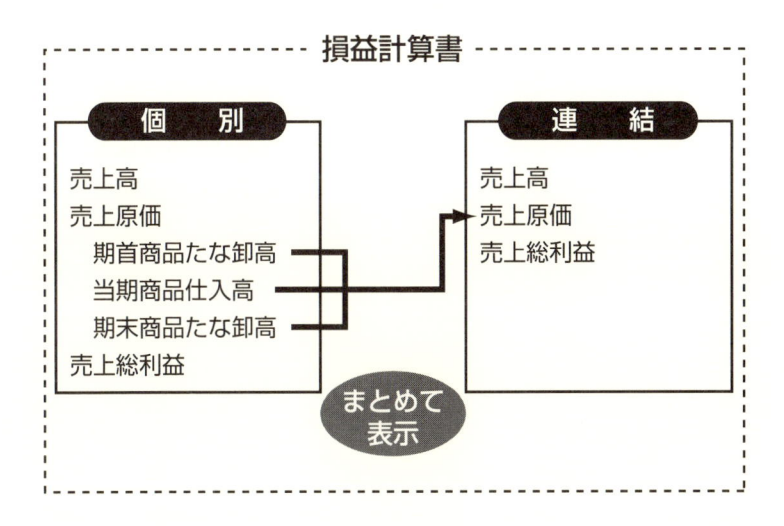

## 貸借対照表

**個別**
資産の部
　流動資産
　　現金及び預金
　　受取手形
　　売掛金
　　　：

**連結**
資産の部
　流動資産
　　現金及び預金
　　受取手形及び売掛金
　　　：

まとめて表示

## 損益計算書

**個別**
売上高
売上原価
　期首商品たな卸高
　当期商品仕入高
　期末商品たな卸高
売上総利益

**連結**
売上高
売上原価
売上総利益

まとめて表示

## 連結貸借対照表固有の表示科目

個別財務諸表にはなく，連結財務諸表にだけ表示される科目があります。

連結貸借対照表に固有の表示科目としては，純資産の部の末尾に記載される「少数株主持分」があります。

この「少数株主持分」は，平成11年3月31日までに終了した事業年度に係る連結財務諸表では，負債の部に記載されていました。しかし，平成11年4月1日以降開始する事業年度に係る連結財務諸表からは，負債の部と資本の部の間の中間区分として，独立して「少数株主持分」が記載されるようになりました。さらに，平成18年5月の会社法の施行に伴い，純資産の部が創設されてからは，純資産の部のうち，株主資本以外の項目として，その末尾に「少数株主持分」が記載されるようになりました。

このように，ここ10年間で表示場所が大きく変わったのが「少数株主持分」です。なお，現在の会計制度において，「少数株主持分」は純資産の部に記載されているため，連結株主資本等変動計算書において，その変動額を，原則として純額で表示することになっています。

**第6章** 連結財務諸表（初級編）

# ■少数株主持分の表示はこう変わった!!

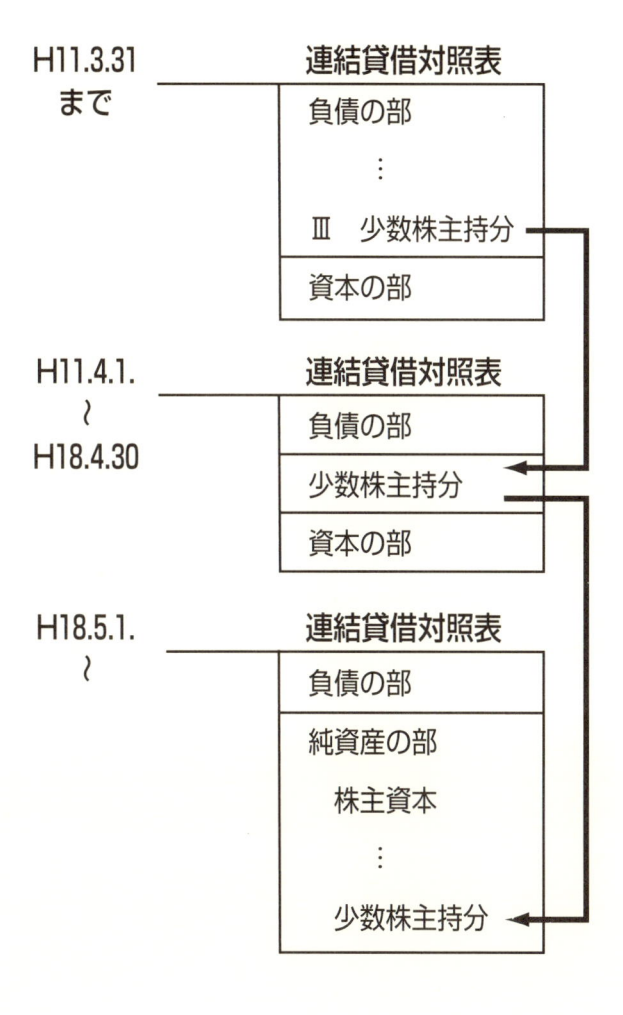

H11.3.31 まで

**連結貸借対照表**

| 負債の部 |
| ⋮ |
| Ⅲ　少数株主持分 |
| 資本の部 |

H11.4.1.〜H18.4.30

**連結貸借対照表**

| 負債の部 |
| 少数株主持分 |
| 資本の部 |

H18.5.1.〜

**連結貸借対照表**

| 負債の部 |
| 純資産の部<br>　株主資本<br>　⋮<br>　少数株主持分 |

「少数株主持分」以外に,「為替換算調整勘定」が連結貸借対照表の純資産の部に記載されていることがあります（その場合は,連結株主資本等変動計算書にも記載されています）。この「為替換算調整勘定」は,在外子会社がある企業集団において記載されるものです。ただし,「為替換算調整勘定」がどのようなものなのかは改めて説明しますので,ここでは,「為替換算調整勘定」は連結貸借対照表に固有の項目（及び連結株主資本等変動計算書固有の項目）だ,という事実を知っていただければ十分です。

また,連結貸借対照表固有の科目として「のれん（負ののれん）」が指摘されることがあります。確かにこれは連結貸借対照表に必須の科目ですが,個別貸借対照表に記載されるケースもあります。なお,現在,負債の部に表示されている「負ののれん」については,平成20年12月の「連結財務諸表に関する会計基準」の公表に伴い,原則として,平成22年4月1日以後開始する連結会計年度から「収益」として処理されることになります。

## 第6章 連結財務諸表（初級編）

■連結貸借対照表

資産の部
  流動資産            ×××
  固定資産            ×××
  …………
    無形固定資産      ×××
      のれん          ×××
  …………

負債の部
  流動負債            ×××
  固定負債            ×××
  …………
    負ののれん        ×××
  …………

純資産の部
  株主資本            ×××
  評価・換算差額等    ×××
  …………
    為替換算調整勘定  ×××
  …………
  少数株主持分       ×××

> 連結貸借対照表及び
> 連結株主資本等変動計算書のみ!!

## 連結損益計算書固有の表示科目

　前節に取り上げた「のれん（負ののれん）」の償却を示す「のれん（負ののれん）償却額」が，連結損益計算書の販売費及び一般管理費（「負ののれん償却額」は，営業外収益）に表示されます。ただし，これも個別貸借対照表に記載されるケースもあります。

　純粋に連結損益計算書固有の表示科目としては，「持分変動損益(持分変動利益または持分変動損失)」があります。これは，子会社が時価発行増資等を行った場合に記載されることがあります。具体的にどのような場合に記載されるのかは，改めて説明しますので，ここでは，「持分変動損益」は連結損益計算書固有の科目だ，という事実を知っていただければ十分です。

　また，「持分法による投資損益（持分法による投資利益または持分法による投資損失)」が連結損益計算書の営業外損益に記載されていることがあります。これは，企業集団（→ p.72）に，子会社ほどの強い資本関係があるわけではないが，ある程度の資本関係がある会社（関連会社）がある場合等に表示される科目です。これも，詳細は改めて説明しますので，ここでは，「持分法による投資損益」は連結損益計算書固有の科目だ，という事実を知っていただければ十分です。

## ■連結損益計算書に固有の表示科目はこれ!!

| | |
|---|---|
| 売上高 | ××× |
| 売上原価 | ××× |
| 販売費及び一般管理費 | ××× |
| ………… | |
| のれん償却額 | ××× |
| ………… | |
| 営業外収益 | |
| ………… | |
| 負ののれん償却額 | ××× |
| 持分法による投資利益 | ××× ← |
| ………… | |
| 営業外費用 | |
| ………… | |
| 持分法による投資損失 | ××× ← |
| ………… | |
| 特別利益 | |
| ………… | |
| 持分変動利益 | ××× ← |
| ………… | |
| 特別損失 | |
| ………… | |
| 持分変動損失 | ××× ← |
| ………… | |

連結損益計算書に固有の表示科目!!

## 連結の範囲

 どのような会社を子会社と呼び，連結の範囲に含めなければならないのかは，非常にナイーブなところです。記憶に新しいところで，1997年の山一証券事件，2001年のエンロン事件，2006年のライブドア事件などでは，連結範囲も問題の一端とされました。

 では，子会社とは何か。

 子会社とは，ある会社（親会社）に支配されている会社のことをいいます。具体的には，親会社に，意思決定機関を支配されている会社のこと指します。よりわかりやすくいえば，会社の議決権の過半数を実質的に支配されている場合，支配している会社のことを親会社といい，支配されている会社のことを子会社といいます。

 もっとも，「会社の議決権の過半数の支配」というルールだけで連結の範囲が決定されているわけではありません。詳細なルールが複数の会計基準などで示されています。ただし，まずは，この基本的なルールを押さえてください。より詳細なルールは，改めて説明することにします。

 なお，連結財務諸表に取り込まれる親会社や子会社全体を指して，「企業集団」あるいは「連結会社」と呼びます。

## ■連結の範囲～親会社と子会社

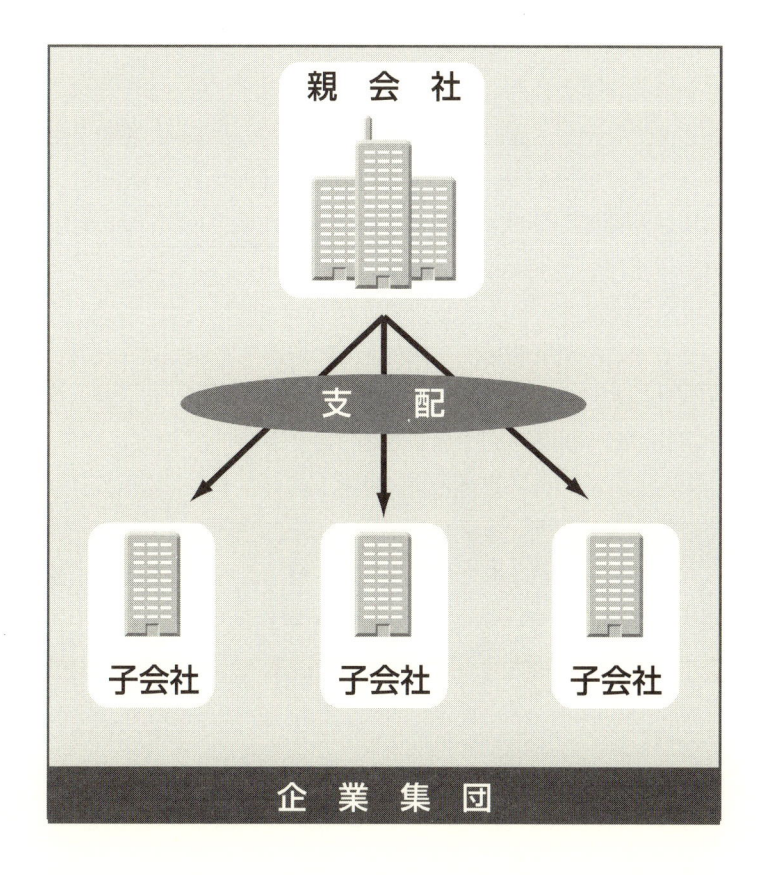

親会社

支配

子会社　　子会社　　子会社

企業集団

## 連結財務諸表の基本的な作成手順

　連結財務諸表は，個別財務諸表と作成方法が異なります。

　個別財務諸表は，日々の取引を記録・集計することで作成されます。しかし，連結財務諸表の作成にあたっては，連結会社の日々の取引を記録・集計する作業をしません。なぜならば，個別財務諸表の作成のために記録・集計されたものを，再度，連結財務諸表作成のために記録・集計し直すのは煩雑だと考えられるからです。

　そこで，連結財務諸表を作成するにあたっては，親会社及び子会社の個別財務諸表を利用します。具体的には，親会社及び子会社の個別財務諸表を合算させるのです。

　そして，この合算財務諸表に連結上必要な調整を施して，連結財務諸表を作成します。

　以下，合算手続にあたり注意しなければならない事項や，連結上必要な調整のいくつかをみていきます。

## 第6章 連結財務諸表（初級編）

■連結財務諸表はこう作る!!

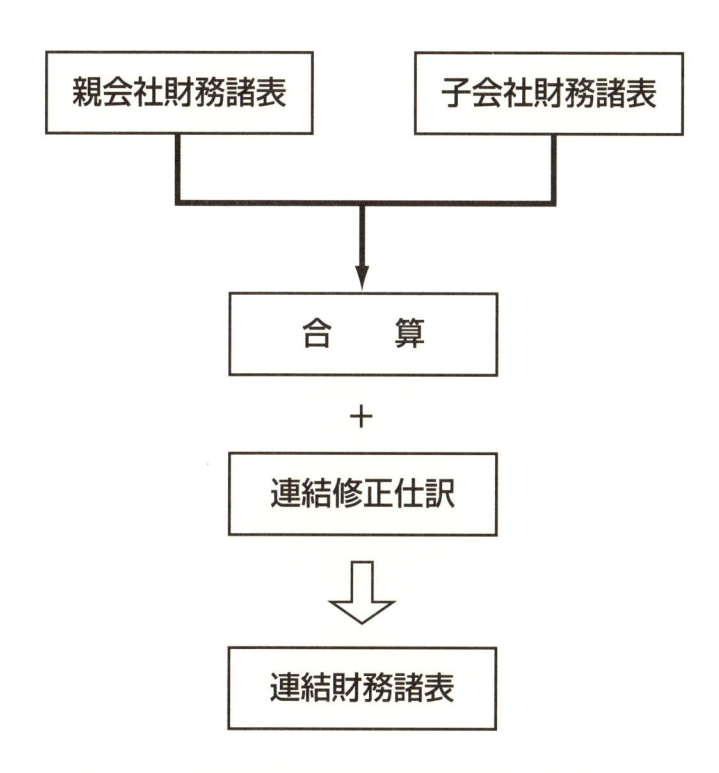

```
┌─────────────────┐    ┌─────────────────┐
│  親会社財務諸表  │    │  子会社財務諸表  │
└─────────────────┘    └─────────────────┘
            │                  │
            └────────┬─────────┘
                     ▼
            ┌─────────────────┐
            │    合    算     │
            └─────────────────┘
                     ＋
            ┌─────────────────┐
            │   連結修正仕訳   │
            └─────────────────┘
                     ⇩
            ┌─────────────────┐
            │   連結財務諸表   │
            └─────────────────┘
```

# 合算手続にあたり注意しなければならない3つの事項

　個別財務諸表を合算させるにあたり，まず注意しなければならないのは，適正な個別財務諸表を合算させなければならない，ということです。例えば，個別財務諸表に，減価償却費の計上不足や引当金の未計上などがあるならば，適正な個別財務諸表に修正した上で，合算させます。

　また，親会社の決算日をもって，連結財務諸表の決算日（これを「連結決算日」と呼びます）とします。そこで，親会社と子会社の決算日が異なっている場合，子会社は，原則として，連結決算日に，再度，個別財務諸表を作成し直さなければなりません。ただし，親会社と子会社の決算日のズレが3カ月を超えない場合（例えば，親会社の決算日が3月31日で，子会社の決算日が12月31日という場合）は，子会社の個別財務諸表を作成し直すことなく，そのまま用い，重要なズレがあれば，それについて調整することも認められています。

　さらに，親会社と子会社が，同一の環境下で同一の性質の取引などを行っている場合は，採用する会計処理の原則及び手続を原則として統一しなければなりません。ただし，この統一には，子会社が採用する会計処理の原則及び手続に統一することも含まれています。

## ■合算時の注意事項

> ① 適正な個別財務諸表を合算（→ p.75）
> ② 親会社の決算日＝連結財務諸表の決算日
> ③ 親会社と子会社の会計処理の原則及び手続の統一
>   （※親会社と子会社が同一環境下で同一の性質の
>   取引を行っている場合）

② 親会社の決算日＝連結財務諸表の決算日

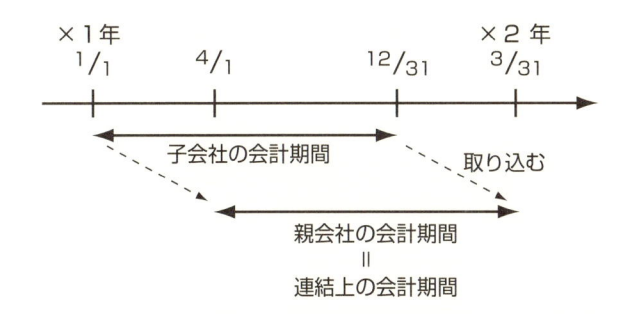

```
×1年                          ×2年
1/1      4/1        12/31    3/31
|---------|----------|---------|----------→
    ←------子会社の会計期間------→
                              取り込む
         ←------親会社の会計期間------→
                   ＝
              連結上の会計期間
```

③ 親会社と子会社の会計処理の原則及び手続の統一

```
┌─────────────┐
│ 親会社のルール │
│   ○○○○○   │
└─────────────┘              ┌─────────────┐
         ──統一！──→        │ 連結上のルール │
┌─────────────┐              │   ○○○○○   │
│ 子会社のルール │              └─────────────┘
│   △△△△△   │
└─────────────┘
```

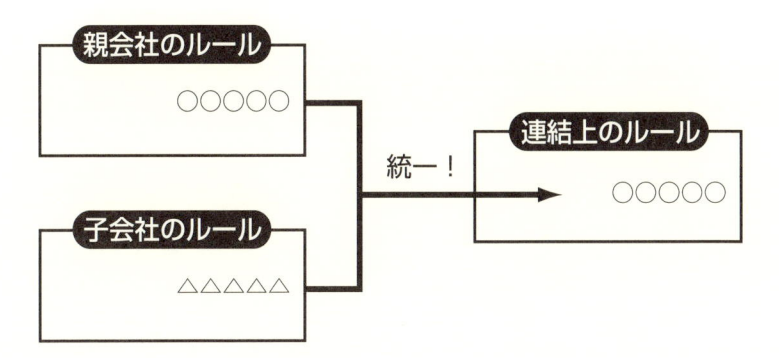

## 子会社の資産及び負債の時価評価

連結財務諸表の作成にあたっては、支配獲得日において、子会社の資産及び負債を時価評価しなければなりません。

この時価評価には、2つの方法があります。

① 部分時価評価法

　　子会社の資産及び負債のうち、親会社の持分に相当する部分については、株式の取得日ごとに、当該日における時価により評価する方法

② 全面時価評価法

　　子会社の資産及び負債のすべてを、支配獲得日の時価により評価する方法

そして、上記方法から算出された子会社の資産及び負債の時価評価額と、当該資産及び負債の個別貸借対照表上の金額との差額（評価差額）は、子会社の資本とします。なお、この評価差額は後述する「投資と資本の相殺消去」手続で相殺消去されるため、連結貸借対照表上には、記載されません。

このような時価評価手続は、個別財務諸表の合算手続直前に行われます。なお、評価差額に重要性が乏しい場合は、子会社の資産及び負債を個別貸借対照表上の金額によることができます。

（注）平成20年12月に公表された「連結財務諸表に関する会計基準」では、部分時価評価法が廃止されました。この会計基準は、原則として、平成22年4月1日以後開始する連結会計年度の期首から適用されます。

## ■子会社の資産及び負債の時価評価

> **例** P社は×1年3月31日にS社株式の80%を80,000円で取得した。S社の土地の簿価は70,000円であり、×1年3月31日における時価は71,000円であった。

### ① 部分時価評価法

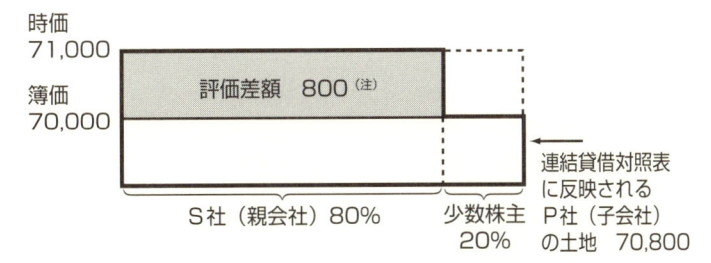

時価 71,000
簿価 70,000

評価差額 800 (注)

S社(親会社)80%　　少数株主 20%

← 連結貸借対照表に反映されるP社(子会社)の土地 70,800

(注) (時価71,000−簿価70,000)× 親会社持分比率 80%＝800
　　※親会社持分比率…P社全株式のうち、S社が所有している割合のこと

### ② 全面時価評価法

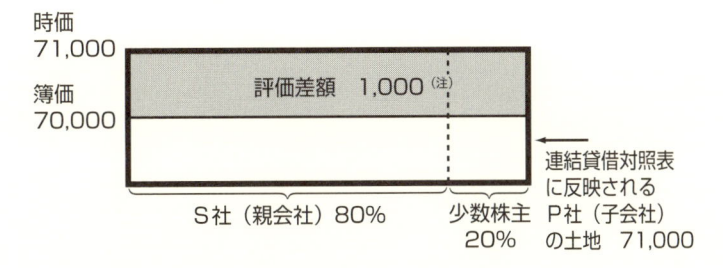

時価 71,000
簿価 70,000

評価差額 1,000 (注)

S社(親会社)80%　　少数株主 20%

← 連結貸借対照表に反映されるP社(子会社)の土地 71,000

(注) 時価71,000−簿価70,000＝1,000

## 連結上，必要な調整（連結修正仕訳）

前節までは，合算手続及び合算手続までに行っておくべき処理の説明でした。

ここからは，合算手続後に行われる，連結上の必要な調整（連結修正仕訳）についてみていきます。

この連結修正仕訳には様々なものがありますが，本節では，以下の5つについて説明します。それ以外は改めて説明します。

① 投資と資本の相殺消去
② 取得後利益剰余金の少数株主持分への按分
③ 子会社の剰余金の配当
④ 連結会社相互間の取引高の相殺消去
⑤ 債権・債務の相殺消去

なお，これら5つのうち，資本連結手続と呼ばれる①②③については，翌期以降の連結財務諸表作成にあたっても考慮しなければなりません。そこで，前期以前に行われた①②③の仕訳を集計したものを「開始仕訳」と呼ぶことがあります。

## ■連結修正仕訳とは？

**連結修正仕訳**

**資本連結手続（開始仕訳）**

① 投資と資本の相殺消去
② 取得後利益剰余金の少数株主持分への按分
③ 子会社の剰余金の配当

**成果連結**

④ 連結会社相互間の取引高の相殺消去
⑤ 債権・債務の相殺消去

## ⚖️ 投資と資本の相殺消去

　親会社の子会社に対する投資（親会社の個別貸借対照表に計上されている「関係会社株式」に含まれている「子会社株式」）と，これに対応する子会社の資本（ここでの「資本」とは，子会社の個別貸借対照表に計上されている「株主資本」及び「評

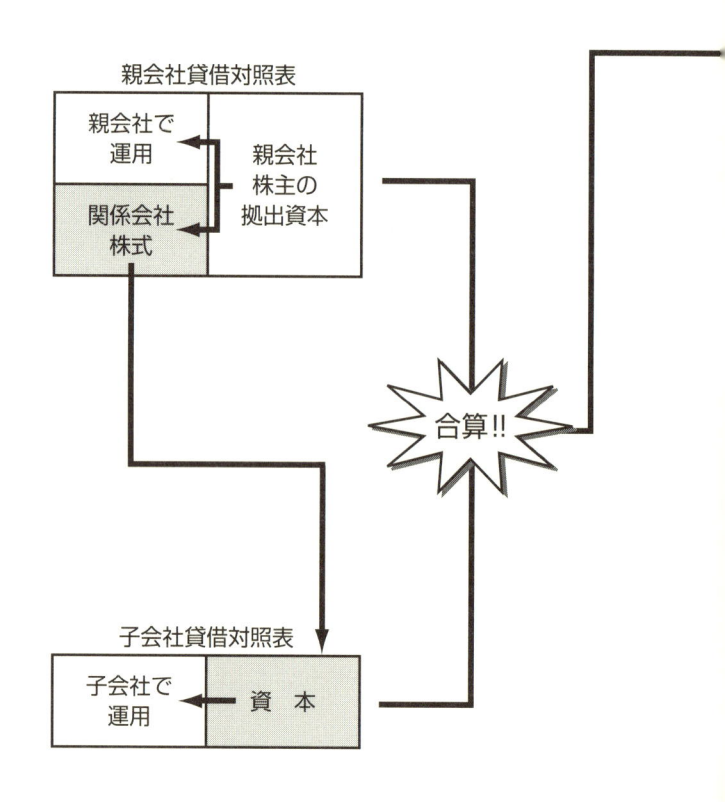

## 第6章 連結財務諸表（初級編）

価・換算差額等」と，子会社の資産及び負債の時価評価により生じた「評価差額」を指します。以下，同じ。）は，相殺消去しなければなりません。

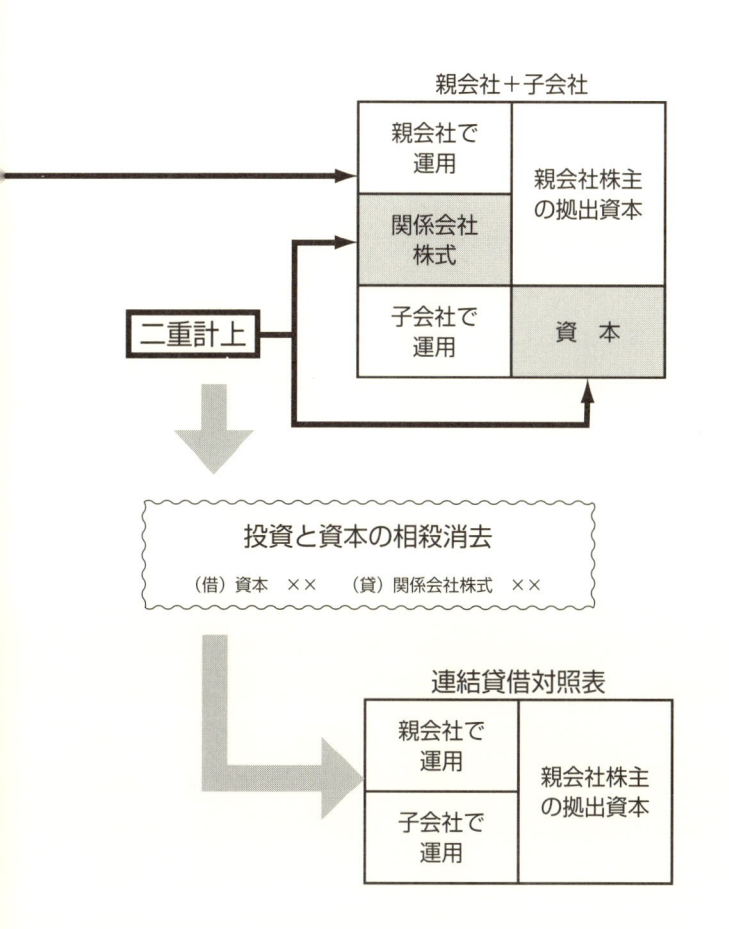

親会社＋子会社

| 親会社で運用 | 親会社株主 |
| 関係会社株式 | の拠出資本 |
| 子会社で運用 | 資 本 |

二重計上

投資と資本の相殺消去

（借）資本 ×× （貸）関係会社株式 ××

連結貸借対照表

| 親会社で運用 | 親会社株主 |
| 子会社で運用 | の拠出資本 |

そして，親会社の子会社に対する投資と子会社の資本を相殺消去した結果,差額が生じる場合には,当該差額を「のれん（負ののれん）」として連結貸借対照表に計上し，原則としてその計上後20年以内に定額法等により償却しなければなりません。

　具体的には，①借方差額（投資＞資本）が生じた場合には,連結貸借対照表の無形固定資産の区分に「のれん」として計上した上で，その後の償却額を連結損益計算書上の販売費及び一般管理費に「のれん償却額」として計上します。

　他方，②貸方差額（投資＜資本）が生じた場合には，現行制度上,連結貸借対照表の固定負債の区分に「負ののれん」として計上した上で，その後の償却額を連結損益計算書上の営業外収益に「負ののれん償却額」として計上します。なお,「連結財務諸表に関する会計基準」が適用される平成22年4月1日以後開始する連結会計年度の期首から,「負ののれん」は，連結損益計算書に「負ののれん償却額」として特別利益に計上することになります。

　また，子会社の資本のうち，親会社の子会社に対する投資と相殺消去されなかった部分（子会社の資本のうち親会社に帰属しない部分）は,「少数株主持分」として，連結貸借対照表の純資産の部に計上します。なお，子会社の資産及び負債を，全面時価評価法で時価評価した場合に生じる「評価差額」のうち,親会社に帰属しない部分は「少数株主持分」になりますが，部分時価評価法で時価評価した場合に生じる「評価差額」は親会社に帰属する部分しかないため,「少数株主持分」にはなりません。

## 第6章 連結財務諸表（初級編）

## ■のれんとは？

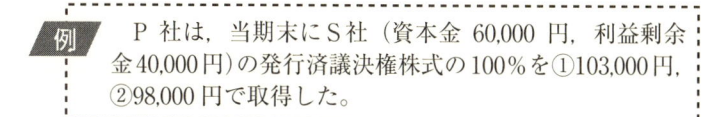

> **例** P社は、当期末にS社（資本金 60,000 円、利益剰余金 40,000 円）の発行済議決権株式の100％を①103,000円、②98,000円で取得した。

### ① 投資＞資本の場合

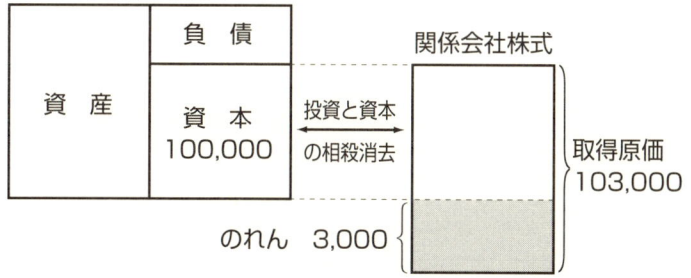

S社貸借対照表

| 資　産 | 負　債 |
|---|---|
| | 資　本<br>100,000 |

投資と資本の相殺消去

関係会社株式

取得原価 103,000

のれん 3,000

### ② 投資＜資本の場合

S社貸借対照表

| 資　産 | 負　債 |
|---|---|
| | 資　本<br>100,000 |

投資と資本の相殺消去

関係会社株式

取得原価 98,000

負ののれん 2,000

## 取得後利益剰余金の少数株主持分への按分

　当然のことですが、親会社が子会社を支配した後も、子会社は当期純利益を計上します。このような子会社の当期純利益のことを、親会社から捉えた場合、取得後利益剰余金と呼びます。

　そして、この取得後利益剰余金を親会社の子会社への投資に関連づけて理解するならば、取得後利益剰余金は、親会社の子会社への投資の成果といえます。

　そこで、取得後利益剰余金のうち親会社に帰属する部分は、連結財務諸表上も利益剰余金として扱われます。ただし、連結財務諸表の作成は、個別財務諸表の合算手続からスタートしますので、これについては、なにも処理する必要がありません。

　しかし、子会社の株主に、親会社以外の株主である少数株主が存在する場合、取得後利益剰余金のうち親会社に帰属しない部分は、少数株主に帰属します。そこで、取得後利益剰余金のうち少数株主に帰属する部分は、連結貸借対照表上、「少数株主持分」とするための処理が必要となります。具体的には、子会社の当期純利益のうち、少数株主持分比率に相当する金額を、連結損益計算書の当期純利益の算定直前に「少数株主利益」として控除し、同額だけ（連結株主資本等変動計算書に計上した上で）連結貸借対照表の「少数株主持分」を増加させます。

## ■利益剰余金はどう按分される？

**子会社損益計算書**

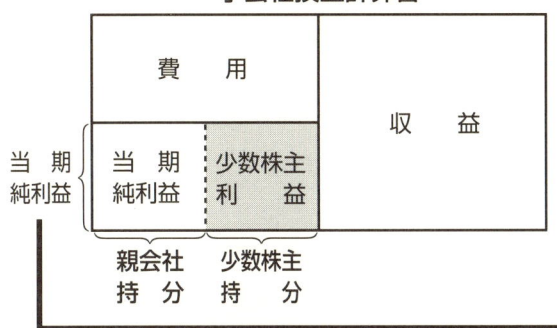

```
|   費  用   |        |          |
|  当期      | 当期   | 少数株主 |   収  益  |
|  純利益    | 純利益 | 利  益   |          |
            | 親会社 | 少数株主 |
            | 持 分  | 持  分   |
```

当期純利益

**子会社貸借対照表**

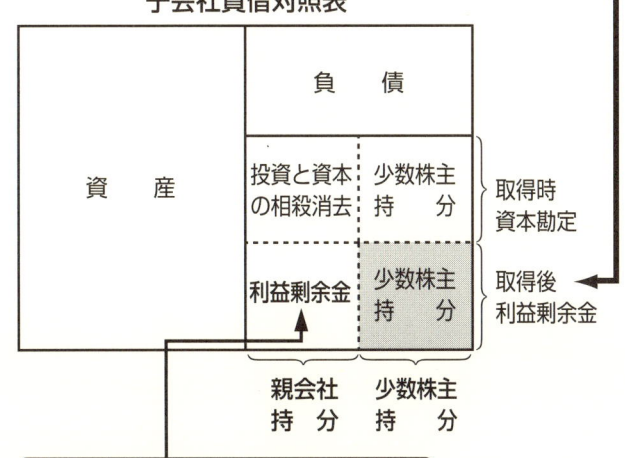

```
|        |   負   債          |
|        |投資と資本|少数株主 | 取得時
| 資 産  |の相殺消去| 持 分   | 資本勘定
|        |---------|---------|
|        |利益剰余金|少数株主 | 取得後
|        |         | 持 分   | 利益剰余金
            親会社   少数株主
            持 分    持 分
```

この利益剰余金のみ、連結貸借対照表の
利益剰余金に含まれることになる。

## 剰余金の配当

　子会社がその株主に対し配当を行った場合，株主である親会社は，その配当を個別損益計算書に「受取配当金」として計上します。

　しかし，この取引を企業集団の観点からみたならば，親会社と子会社の「内部取引」に該当します。

　そこで，子会社の個別株主資本等変動計算書の利益剰余金・当期変動額に計上されている「剰余金の配当」のうち親会社持分比率に相当する部分と，親会社の個別損益計算書の営業外損益に計上されている「受取配当金」を相殺消去します。

　また，子会社がその株主に対し配当を行った場合，親会社以外の株主（少数株主）も配当を受け取っています。つまり，子会社の資本のうち，少数株主持分比率に相当する部分が「少数株主持分」であることを踏まえると，剰余金の配当を行った分だけ，子会社の資本が減少し，少数株主持分が減少するといえます。

　そこで，子会社の個別株主資本等変動計算書の利益剰余金・当期変動額に計上されている「剰余金の配当」のうち少数株主持分比率に相当する部分を減少させるとともに，連結貸借対照表に計上されている「少数株主持分」を減少させます。

　以上をまとめると，子会社の「剰余金の配当」は全額消去され，同時に，親会社が個別損益計算書に計上している「受取配当金」及び連結貸借対照表に計上されている「少数株主持分」を，子会社に対する持分比率に応じた金額分，減少させます。

## ■子会社の剰余金の配当

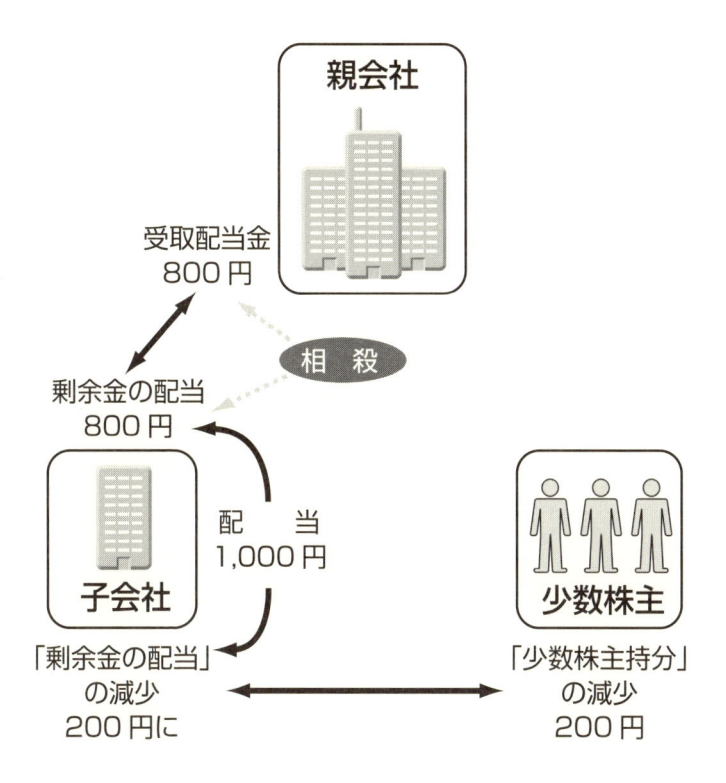

**親会社**
受取配当金
800円

相 殺

剰余金の配当
800円

配 当
1,000円

**子会社**
「剰余金の配当」
の減少
200円に

**少数株主**
「少数株主持分」
の減少
200円

　なお，このような処理を行う結果，連結株主資本等変動計算書の利益剰余金・剰余金の配当の欄に記載されている金額は，親会社が親会社の株主に行った「剰余金の配当」と一致します。

## 連結会社相互間の取引高の相殺消去と債権・債務の相殺消去

　前節の「子会社の剰余金の配当」でも触れましたが，親会社と子会社の間で行われる取引は，企業集団の観点からみたならば，「内部取引」に該当します。また，親会社と子会社の間で行われる取引のみならず，複数の子会社がある場合，子会社間で行われる取引も「内部取引」に該当します。

　そして，このような「内部取引」は相殺消去しなければなりません。

　また，「内部取引」は通常，債権・債務が伴います。そこで，「内部取引」から生じた債権・債務が個別貸借対照表に計上されている場合には，その債権・債務も相殺消去しなければなりません。

　典型的な内部取引の相殺消去としては，以下のものがあります。

① 売上高と仕入高（売上原価）の相殺消去
② ①に付随して生じる売上債権と仕入債務の相殺消去
③ 貸付金と借入金の相殺消去（資金取引の相殺消去）
④ ③に付随して生じる受取利息と支払利息の相殺消去
⑤ ③に付随して生じる経過勘定の相殺消去

　なお，上記②③において，売上債権や貸付金に貸倒引当金を設定している場合には，この貸倒引当金についても調整をしなければなりません。

# 第6章 連結財務諸表（初級編）

## ■内部取引の相殺消去

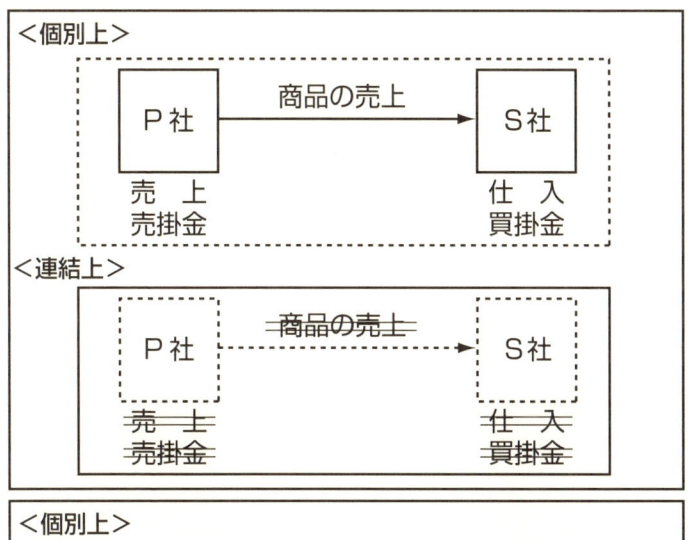

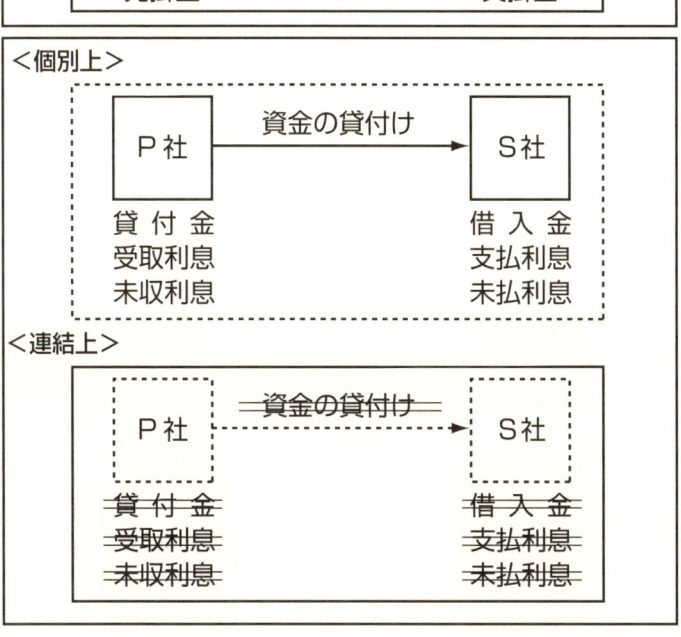

<個別上>

P社 →（商品の売上）→ S社

P社：売上／売掛金
S社：仕入／買掛金

<連結上>

~~P社~~ ～～商品の売上～～ ~~S社~~

~~売上~~　~~仕入~~
~~売掛金~~　~~買掛金~~

<個別上>

P社 →（資金の貸付け）→ S社

P社：貸付金／受取利息／未収利息
S社：借入金／支払利息／未払利息

<連結上>

~~P社~~ ～～資金の貸付け～～ ~~S社~~

~~貸付金~~　~~借入金~~
~~受取利息~~　~~支払利息~~
~~未収利息~~　~~未払利息~~

# 第7章
# 金融商品会計
（初級編）

~Chapter 7~

## そもそも金融商品とは何か？

　金融商品には，現金預金，受取手形・売掛金・貸付金などの金銭債権，支払手形・買掛金・借入金・社債などの金銭債務，有価証券，デリバティブ取引などがあります。そして，現金預金，金銭債権，有価証券などを金融資産と呼び，金銭債務などを金融負債と呼びます。

　従来，これら金融商品のうち，有価証券や債権，社債については，「企業会計原則」に評価方法が規定されていました。また，デリバティブ取引のうち先物・オプション取引などについては，平成2年5月に「先物・オプション取引等に関する会計基準に関する意見書等について」が公表され，開示内容などが定められていました。

　しかし，証券金融市場のグローバル化や企業環境の変化に対応し，また，新たに開発された金融商品や取引手法などに対応して，会計基準を整備する必要が生じてきました。

　そこで，国際的な動向も踏まえ，平成8年以降，大蔵省（当時）の企業会計審議会で審議が進められ，平成11年1月に「金融商品に係る会計基準」が公表されました。その後，平成18年8月に改正基準が企業会計基準委員会より「金融商品に関する会計基準」として公表され，さらに平成19年6月及び平成20年3月に改正され，現在に至っています。

　本章では，「金融商品に関する会計基準」に規定されている会計処理のうち，①債権，②有価証券，③金銭債務について取り扱います。デリバティブ取引などについては，改めて説明します。

# 第7章 金融商品会計（初級編）

## ■移ろいゆく金融商品に関する規定

「企業会計原則」における規定
有価証券、債権、社債

↓

H2.5 「先物・オプション取引等に関する会計基準に関する意見書等について」
デリバティブ取引のうちの先物・オプション取引

↓

H11.1 「金融商品に係る会計基準」 公表

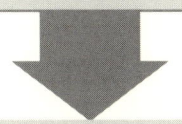

↓

H18.8 「金融商品に関する会計基準」 公表
H19.6 「金融商品に関する会計基準」 改正
H20.3 「金融商品に関する会計基準」 改正

## 債権の貸借対照表価額等

受取手形・売掛金・貸付金などの債権の貸借対照表価額は，取得価額から貸倒引当金を控除した金額です。そして，貸倒引当金は，債権の貸倒見積高に基づいて算定されます（具体的な算定方法は後述します）。

ただし，債権を債権額（額面）と異なる金額で取得した場合で，かつ，取得価額と債権額との差額の性格が金利の調整と認められるときは，償却原価法に基づいて算定された価額（償却原価）から貸倒引当金を控除した金額をもって，債権の貸借対照表価額とします。

## 償却原価法

償却原価法とは，債権を債権額（額面）と異なる金額で計上した場合，取得価額と債権額との差額（この差額を「取得差額」と呼びます）を，取得時から回収時（弁済時）まで毎期一定の方法で取得価額に加減する方法をいいます。そして，このときに毎期生じる加減額（これを「償却額」と呼びます）は，受取利息に含めて処理します。

なお，この償却原価法は，後述する債券や金銭債務，社債などにおいても適用されることがあります。その場合，償却額は，債券であれば有価証券利息に，金銭債務であれば支払利息に，社債であれば社債利息に含めて処理します。

第7章　金融商品会計（初級編）　97

## ■債権の貸借対照表価額等

受取手形　10,000円

10,000円の受取手形だけど，5％は回収できないかも…。

− 500円

＝ 貸借対照表価額　9,500円

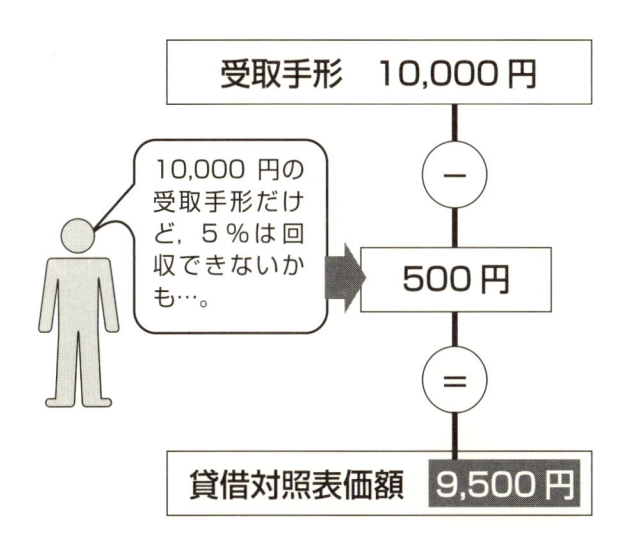

## ■償却原価法

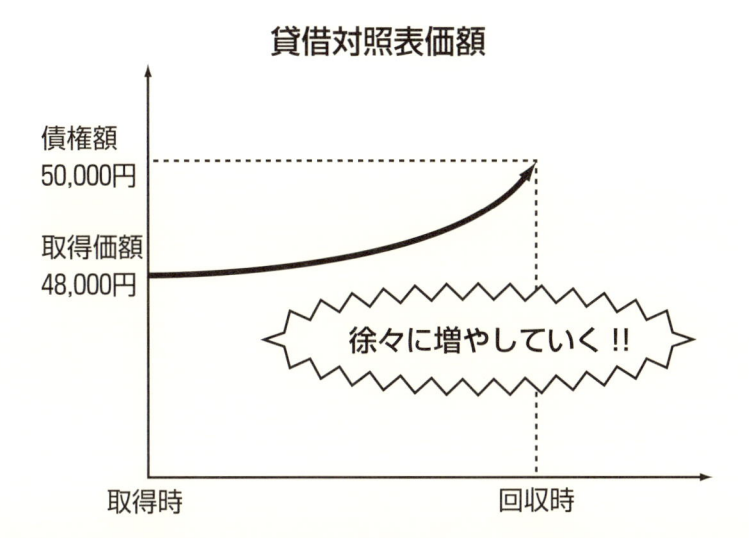

貸借対照表価額

債権額 50,000円

取得価額 48,000円

徐々に増やしていく!!

取得時　　　回収時

## ⚖️ 貸倒見積高の算定方法と債権の区分

　前述したように，受取手形・売掛金・貸付金などの債権の貸借対照表価額は，取得価額（あるいは償却原価）から貸倒見積高に基づいて算定された貸倒引当金を控除した金額です。

　では，貸倒見積高はどのように算定されるのでしょうか。

　まず，貸倒見積高の算定にあたって，債権を，債務者の財政状態及び経営成績等に応じて，以下の3つに区分します。

① 一般債権
② 貸倒懸念債権
③ 破産更生債権等

　そして，このように区分された債権ごとに，貸倒見積高の算定方法が定められています。

　それでは，この3つの区分にしたがって，債権の貸倒見積高の算定方法をみていきましょう。

第7章　金融商品会計（初級編）　99

# ■貸倒見積高の算定方法

<債務者の状態>　　<債権区分>　　<貸倒見積高の算定方法>

①　一般債権　　　　貸倒実績率法

②　貸倒懸念債権　　財務内容評価法
　　　　　　　　　　キャッシュ・フロー見積法

③　破産更生債権等　財務内容評価法

## 貸倒見積高の算定方法①（一般債権の場合）

　一般債権とは，経営状態に重大な問題が生じていない債務者に対する債権をいいます。

　このような一般債権については，債権の状況に応じて求めた過去の貸倒実績率など合理的な基準を用いて貸倒見積高を算定します。また，債権をその全体または同種・同類の債権ごとにグルーピングした上で，算定します（具体的なグルーピング方法は，右ページのようなものがあります）。具体的なグルーピング方法としては，受取手形や売掛金，貸付金などの勘定科目別，売上債権（受取手形や売掛金）や営業外債権（貸付金など）などの発生原因別，回収期日までの期間に基づいた方法などがあります。

　具体的な算定方法について，貸倒実績率を用いて算定する方法（貸倒実績率法）を説明します。

　貸倒実績率とは，ある期における債権残高を分母とし，翌期以降における貸倒損失額を分子として算定します。このとき，いつまでの期間の貸倒損失額を分子にするのかは，債権の平均回収期間によります（ただし，平均回収期間が1年未満の場合は，1年間として算定します）。つまり，×3年度末における債権の平均回収期間が3年間であれば，×4年度から×6年度までの3年間に生じた貸倒損失額を分子とし，分母を×3年度末における債権とします。そして，当期を最終年度（前記の例であれば，×6年度が当期の場合）とする算定期間を含むそれ以前の2～3算定期間に係る貸倒実績率（前記の例であれば，×3年度末債権，×2年度末債権，×1年度末債権についての

## ■一般債権の貸倒見積高はこう計算する!!

$$貸倒見積高 = 債権の期末残高 \times 貸倒実績率$$

$$貸倒実績率 = \frac{算定期間における実際貸倒額}{ある期における債権金額}$$

## ■グルーピング方法

| 勘定科目別 | 受取手形,売掛金,貸付金,未収入金等の区分 |
|---|---|
| 発生原因別 | 営業債権（受取手形,売掛金），営業外債権（貸付金,未収入金）の区分 |
| 期　間　別 | 短期債権（期日が1年以内），長期債権（期日が1年超）の区分 |

貸倒実績率）を求め，その平均値をもって，貸倒見積高の算定に用いる貸倒実績率とします。つまり，平均値で算出された過去の貸倒実績率を基礎として，当期の貸倒見積高を算定し，貸倒引当金を求めます。

## 貸倒見積高の算定方法②（貸倒懸念債権の場合）

　貸倒懸念債権とは，経営破綻の状態には至っていないが，債務の弁済に重大な問題が生じているかまたは生じる可能性の高い債務者に対する債権をいいます。具体的には，返済が1年以上延滞している債権や，返済期間を延長した債権，利息の一部を免除した債権などが該当します。

　このような貸倒懸念債権に係る貸倒見積高の算定方法には，以下の2つの方法があります。

① 財務内容評価法
② キャッシュ・フロー見積法

　なお，同一の債権については，債務者の財政状態及び経営成績の状況等が変化しない限り，同一の方法を継続適用します。

　では，それぞれの算定方法をみていきましょう。

　まず，財務内容評価法では，債権額から担保の処分見込額及び保証による回収見込額を減額し，その残額について債務者の財政状態及び経営成績を考慮して貸倒見積高を算定します。

　他方，キャッシュ・フロー見積法は，財務内容評価法と異なり，すべての貸倒懸念債権に適用可能なわけではなく，債権の元本の回収及び利息の受取りに係るキャッシュ・フローを合理的に見積ることができる債権についてのみ適用可能な方法です。そして，債権の元本及び利息について，それらの受取りが見込まれるときから当期末までの期間にわたり，当初の約定利子率で割り引いた金額の総額と債権の帳簿価額との差額を算定し，これを貸倒見積高とします。なお，キャッシュ・フロー見積法によった場合，キャッシュ・フローの見積りは少なくとも毎期末

## ■貸倒懸念債権の貸倒見積高はこう計算する!!

### ① 財務内容評価法

```
貸倒見積高＝(債権額－担保処分・保証回収見込額)
          に対する貸倒見積額
```

債権額 {
- 担保処分・保証回収見込額
- 回収見込額
- 貸倒見積高
} 債務者の財政状態及び経営成績を考慮して貸倒見積高を算定

### ② キャッシュ・フロー見積法

```
貸倒見積高＝債権額
        －債権に係る将来キャッシュ・フロー(CF)
          の割引現在価値
```

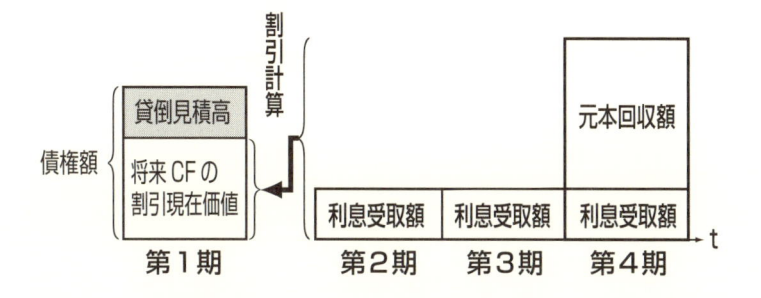

債権額 {
- 貸倒見積高
- 将来CFの割引現在価値
第1期
} ←割引計算

第2期 利息受取額　第3期 利息受取額　第4期 元本回収額・利息受取額　t

に更新し、貸倒見積高を見直さなければなりません。このとき、時の経過による債権の変動額(割引効果)は、原則として受取利息として処理します(コラム②:貨幣の時間価値〈→ p.120〉)。

## 貸倒見積高の算定方法③
### （破産更生債権等の場合）

　破産更生債権等とは，経営破綻または実質的に経営破綻に陥っている債務者に対する債権をいいます。具体的には，破産，清算，会社整理，会社更生，民事再生，手形交換所における取引停止処分などの事由が生じている債務者に対する債権や，法的・形式的にはこれらに該当しない債務者であっても，深刻な経営難の状態にあり，再建の見通しがない状態にあると認められる債務者に対する債権を指します。

　このような破産更生債権等については，債権額から担保の処分見込額及び保証による回収見込額を減額し，その残額を貸倒見積高とします（財務内容評価法）。なお，貸倒懸念債権に対する財務内容評価法と異なり，債務者の財政状態及び経営成績を考慮して貸倒見積高を算定するわけではありません。

　また，破産更生債権等に分類される債権については，貸借対照表上，「破産更生債権等」という勘定科目を用いて，通常，固定資産（投資その他の資産）に計上します。

## 第7章 金融商品会計（初級編）

■破産更生債権等の貸倒見積高はこう計算する!!

貸倒見積高＝債権額－担保処分・保証回収見込額

債権額 { 担保処分・保証回収見込額 / 貸倒見積高 }

## 有価証券の分類

　有価証券は，金融商品取引法に定義されています。具体的には，国債券，社債券，株券，新株予約権証券などがあります（「金融商品取引法」第2条）。もちろん，金融商品取引法に定義されていないものであっても，有価証券として取り扱うことが適当なものは，有価証券として取り扱います。逆に，金融商品取引法に定義されていても，有価証券として取り扱うことが適当ではないものは，有価証券としては取り扱いません。ただし，このようなものは少ないと考えられるため，以下の説明では無視します。

　さて，有価証券の会計処理を説明する前に，有価証券の分類を知らなければなりません。

　有価証券は，保有目的等の観点から以下のように分類し，会計処理が定められています。

① 売買目的有価証券
② 満期保有目的の債券
③ 子会社株式及び関連会社株式
④ その他有価証券

それでは，各有価証券の会計処理をみていきましょう。

■有価証券はこの４種類!!

売買目的有価証券

満期保有目的の債券

子会社株式及び
関連会社株式

その他有価証券

## 売買目的有価証券

　売買目的有価証券とは，時価の変動により利益を得ることを目的として保有する有価証券をいいます。具体的には，通常，同一銘柄の有価証券について相当程度の反復的な購入と売却が行われるものを指します。つまり，トレーディング目的の有価証券を指します。そこで，一般に，企業が保有する有価証券を売買目的有価証券に分類するためには，有価証券の売買を企業の業務としていることが定款から明らかであり，かつ，トレーディング業務を，日常的に遂行し得る人材から構成された専門部署によって，売買目的有価証券が保管・運用されていることが望ましいとされています。

　このような売買目的有価証券は，当期末の時価をもって貸借対照表価額とし，時価と帳簿価額との差額（評価差額）は当期の損益として処理します。また，翌期においては，この評価差額を振り戻し処理することで，売買目的有価証券の翌期の帳簿価額を前期の帳簿価額に戻す処理（洗替方式），もしくは，評価差額を振り戻さずに売買目的有価証券の翌期の帳簿価額を前期の時価のままにする処理（切放方式）のいずれかを行わなければなりません。

　なお，売買目的有価証券は，貸借対照表上，流動資産に「有価証券」として計上します。

## ■売買目的有価証券の評価方法

```
取得原価  <  時価  →  評価差益
                  →  有価証券評価益（営業外収益）
取得原価  >  時価  →  評価差損
                  →  有価証券評価損（営業外費用）
```

|  | 帳 簿 価 額 ||
|---|---|---|
|  | 第1期期末 | 第2期期首 |
| 切放方式 | 第1期期末時価 | 第1期期末時価 |
| 洗替方式 |  | 取得原価 |

例えば

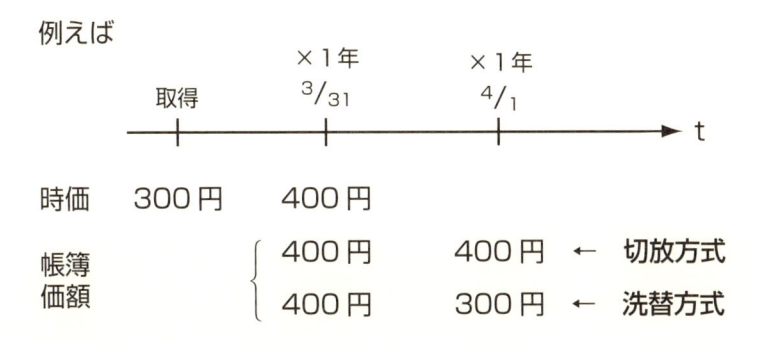

```
                ×1年        ×1年
        取得    3/31        4/1
        ├──────┼──────────┼─────────→ t
```

時価    300円   400円

帳簿　　　　　┌ 400円    400円  ←  切放方式
価額　　　　　└ 400円    300円  ←  洗替方式

## 満期保有目的の債券

満期保有目的の債券とは、満期まで保有する意図をもって保有する社債その他の債券をいいます。そして、この満期まで保有する意図は、債券の取得時のみならず、取得後も継続して保持していなければなりません。つまり、他の保有目的で取得した債券について、その後、保有目的を変更して満期保有目的の債券に振り替えることは認められていません。

このような満期保有目的の債券は、取得原価をもって貸借対照表価額とします。ただし、債券を債券金額と異なる金額で取得した場合、取得価額と債券金額との差額（取得差額）の性格が金利の調整と認められるときは、償却原価法に基づいて算定された価額（償却原価）をもって貸借対照表価額としなければなりません（→ p.96）。

## 子会社株式及び関連会社株式

第6章で触れましたが、子会社とは、ある会社（親会社）に支配されている会社のことをいいます（→ p.72）。そして、関連会社とは、子会社ほど支配されているわけではないのですが、出資、人事、資金、技術、取引等の関係を通じて、子会社以外の他の会社等の財務及び営業または事業の方針の決定に対して重要な影響を与えることができる場合における当該子会社以外の他の会社などをいいます。そして、これら子会社及び関連会社に対する出資が、子会社株式及び関連会社株式です。

## ■満期保有目的の債券の評価方法

|  |  | 貸借対照表価額 |
|---|---|---|
| 取得原価<br>＝額面金額 |  | 取得原価 |
| 取得原価<br>≠額面金額 | 取得差額が<br>金利調整差額ではない | |
| | 取得差額が<br>金利調整差額である | 償却原価 |

## ■子会社株式及び関連会社株式の評価方法

取得原価 ＜ 時価

取得原価 ＞ 時価

　➡　貸借対照表上は取得原価

……つまり，時価評価しない!!
（ただし，p.114, 116の場合は除く）

　このような子会社株式及び関連会社株式は，取得原価をもって貸借対照表価額とします。

## その他有価証券

 以上，売買目的有価証券，満期保有目的の債券，子会社株式及び関連会社株式をみてきましたが，これらいずれにも該当しない有価証券のことを，その他有価証券といいます。

 その他有価証券は，当期末の時価をもって貸借対照表価額とし，時価と帳簿価額との差額（評価差額）は，洗替方式（→ p.108）に基づいて，以下のいずれかの方法で処理します。

① 全部純資産直入法
② 部分純資産直入法

 まず，全部純資産直入法とは，各銘柄の評価差額の合計金額を純資産の部（評価・換算差額等）に計上する方法です。他方，部分純資産直入法とは，時価が取得原価を上回る銘柄に係る評価差額は純資産の部（評価・換算差額等）に計上し，時価が取得原価を下回る銘柄に係る評価差額は当期の損失として処理する方法です。

 なお，純資産の部に計上されるその他有価証券の評価差額については，税効果会計を適用しなければならないのですが，本書では税効果会計を説明しないため，以下の記述では税効果会計は無視しています。税効果会計については，改めて説明します。

 また，その他有価証券の当期末の時価は，原則として，期末日の市場価格に基づいて算定された価額です。ただし，継続して適用することを条件として，期末前1カ月の市場価格の平均に基づいて算定された価額を用いることもできます。

## ■その他有価証券の評価方法

① 全部純資産直入法
　　評価差額(評価差益および評価差損)の合計金額を純資産の部に計上する方法

② 部分純資産直入法
　　評価差益は純資産の部に計上し、評価差損は当期の損失(営業外費用)として処理する方法

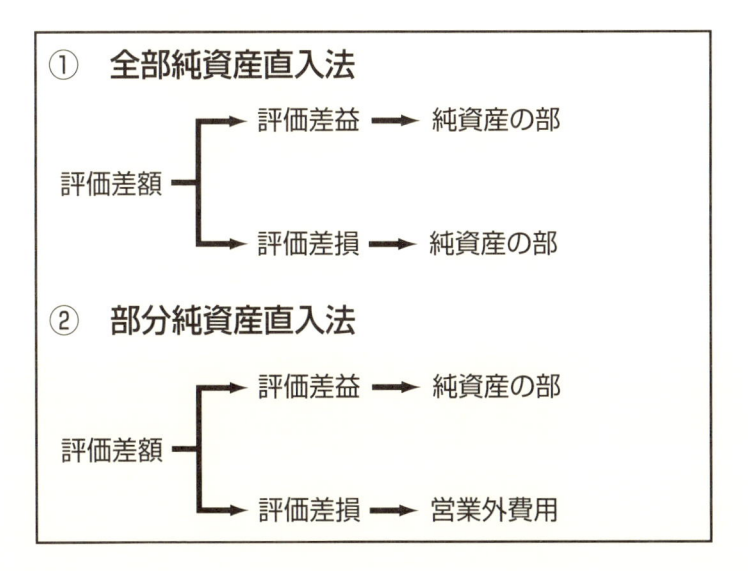

---

① **全部純資産直入法**

評価差額 ─┬→ 評価差益 → 純資産の部
　　　　　└→ 評価差損 → 純資産の部

② **部分純資産直入法**

評価差額 ─┬→ 評価差益 → 純資産の部
　　　　　└→ 評価差損 → 営業外費用

## 時価を把握することが極めて困難と認められる有価証券

　ここまでの説明は，時価を把握することが極めて困難と認められる有価証券以外の有価証券（≒時価のある有価証券）を前提としていました。しかし，有価証券の中には，時価を把握することが極めて困難なものもあります。そのような有価証券は，もちろん，売買目的有価証券に分類することはできません。そこで，満期保有目的の債券や子会社株式及び関連会社株式，その他有価証券に分類されることになります。そして，満期保有目的の債券，子会社株式及び関連会社株式に分類した場合，前記の説明通りの会計処理がなされます。他方，その他有価証券に分類された場合，時価がないことから，前記の説明通りの会計処理を行うことができません。

　では，どのように会計処理を行えばよいのでしょうか。

　時価を把握することが極めて困難と認められる有価証券の貸借対照表価額は，以下の方法によります。

① 社債その他の債券の貸借対照表価額は，債権の貸借対照表価額に準じて算定・処理します（→ p.96）。

② ①以外の有価証券は，取得原価をもって貸借対照表価額とします。

## ■時価を把握することが極めて困難な有価証券は？

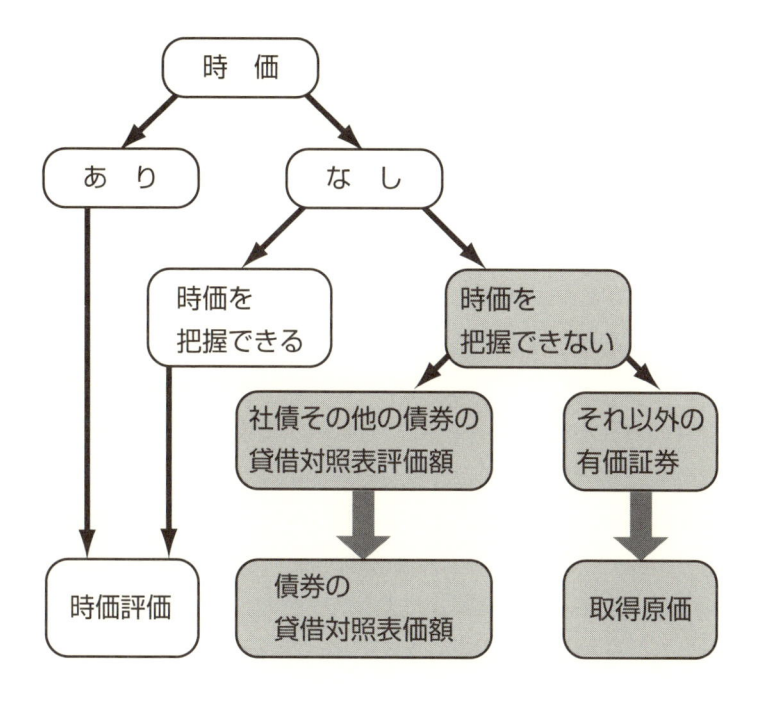

```
            時　価
           ／    ＼
        あり      なし
         │      ／    ＼
         │  時価を    時価を
         │  把握できる  把握できない
         │    │      ／      ＼
         │    │  社債その他の債券の  それ以外の
         │    │  貸借対照表評価額    有価証券
         │    │      ↓            ↓
         ↓    ↓   債券の           取得原価
        時価評価   貸借対照表価額
```

## 時価が著しく下落した場合等

売買目的有価証券以外の有価証券のうち、時価を把握することが極めて困難と認められるもの以外について、時価が著しく下落したときは、1年以内に時価が帳簿価額まで回復すると見込まれる場合を除き、時価をもって貸借対照表価額とし、時価と帳簿価額との差額（評価差額）は当期の損失として処理しなければなりません。

また、時価を把握することが極めて困難と認められる株式については、発行会社の財政状態の悪化により実質価額（＝発行会社の純資産額×当社の発行会社株式保有比率）が帳簿価額より著しく低下したときは、相当の減額をなし、実質価額と帳簿価額の差額（評価差額）は当期の損失として処理しなければなりません（実価法）。なお、この処理は、「株式」についての規定です。有価証券は、株式以外もあります。その典型例としては、社債その他の債券があるのですが、これらについては、前記したように、債権の貸借対照表価額に準じて処理します（→p.96）。

## ■時価が著しく下落した場合

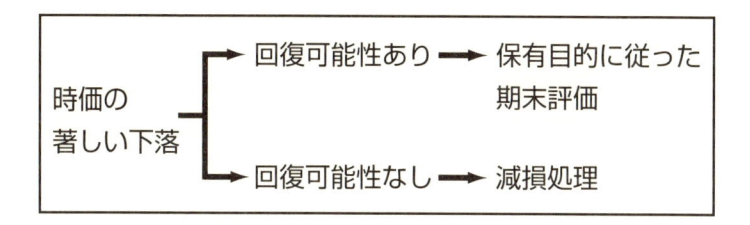

```
              ┌─→ 回復可能性あり ─→ 保有目的に従った
時価の         │                      期末評価
著しい下落 ────┤
              └─→ 回復可能性なし ─→ 減損処理
```

## ■実質価額の算定

$$実質価額 = \frac{発行会社の純資産}{発行済株式数} \times 所有株式数$$

$$= 発行会社の純資産 \times \frac{所有株式数}{発行済株式数}$$

$$= 発行会社の純資産 \times 持分比率$$

## 有価証券の表示区分

売買目的有価証券は流動資産に計上します（→ p.108）。

売買目的有価証券以外の有価証券については，貸借対照表日（＝決算日）の翌日から1年以内に満期の到来する社債その他の債券は流動資産に計上し，それ以外の有価証券は固定資産（投資その他の資産）に計上します。

## 金銭債務

支払手形・買掛金・借入金・社債その他の債務は，債務額をもって貸借対照表価額とします。

ただし，社債を社債金額（額面）と異なる価額で発行した場合など，発行価額と債務額とが異なる場合には，償却原価法に基づいて算定された価額をもって，貸借対照表価額としなければなりません（→ p.96）。なお，この場合，発行価額と債務額との差額が通常，金利の調整と認められることから，債権などに償却原価法を適用するときにあった「差額の性格が金利の調整と認められる場合」という条件はありません。

## 適用時期等

「金融商品に係る会計基準」は，平成11年1月に企業会計審議会から公表され，平成12年4月1日以後開始する事業年度から適用されています。なお，平成18年8月に改正基準が企業会計基準委員会（ASBJ）より「金融商品に関する会計基準」

## ■有価証券のまとめ

| 保有目的 | | 貸借対照表価額 | 評価差額等の処理 | 強制評価減（実価法） |
|---|---|---|---|---|
| 売買目的有価証券 | | 時　価 | 当期の損益（洗替方式または切放方式） | － |
| 満期保有目的の債券 | | 取得原価または償却原価 | － | 時価による評価をし，評価差額を当期の損失として処理（切放方式） |
| 子会社株式関連会社株式 | | 取得原価 | － | |
| その他有価証券 | | 時　価 | 全部純資産直入法または部分純資産直入法（洗替方式） | |
| 時価を把握することが極めて困難と認められる有価証券 | 社債その他の債券 | 取得原価または償却原価 | － | － |
| | 株式 | 取得原価 | － | 相当の減額を行い，評価差額を当期の損失として処理（切放方式） |

として公表され，さらに平成19年6月及び平成20年3月に改正され，現在に至っています。

## Column ② 貨幣の時間価値

　金融商品会計の「償却原価法」のみならず,「貨幣の時間価値」を基礎とした計算方法が企業会計には多々あります。そこで, このコラムでは,「貨幣の時間価値」の話をします。

　「貨幣の時間価値」の話に先立って, 利息の計算方法として,「単利」と「複利」の違いを知らなければなりません。計算期間が 2 年以上の場合,「単利」は元本に対してのみ利息が付きます。他方,「複利」は元本のみならず利息に対しても利息が付きます。

　例えば, 年利率が 5 ％, 預入期間が 2 年間の定期預金 10,000 円を考えてみましょう。

　「単利」の場合, 毎年の利息は, 500 円（= 10,000 円× 5 ％）となります。そのため, 満期に受け取れるお金は, 11,000 円（= 10,000 円＋利息 500 円× 2 年分）となります。

　「複利」の場合, 1 年目の利息は, 500 円（= 10,000 円× 5 ％）となり, 2 年目の利息は 525 円（=（10,000 円＋ 1 年目の利息 500 円）× 5 ％）となります。そのため, 満期に受け取れるお金は, 11,025 円（= 10,000 円＋ 1 年目の利息 500 円＋ 2 年目の利息 525 円）となります。

10,000 円 →×(1 + 0.05)→ 10,500 円 →×(1 + 0.05)→ 11,025 円

「貨幣の時間価値」では、これら利息の計算方法のうち、「複利」の考え方を用います。そして、「貨幣の時間価値」では、「時間」が関係しますので、"いつ"の価値なのか、時点を決めなければいけません。企業会計において、この時点は、資産・負債の発生時や各会計期間の期末となります。

先ほどの例を用いるならば、年利率5％で2年後の価値が11,025円の定期預金の現時点での価値はいくらか、これを考えるのが「貨幣の時間価値」なのです（もちろん、現時点での価値は10,000円です）。

このように、将来の価値を現時点の価値に引き直すことを「割引」といい、「貨幣の時間価値」を算定することを「割引計算」といいます。また、計算された現時点の価値を「（割引）現在価値」といいます。さらに、先ほどのたとえの年利率は「割引率」と呼ばれます。

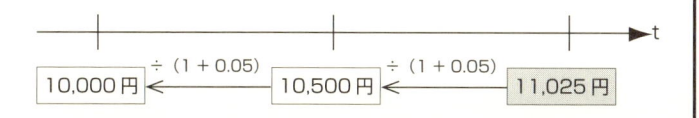

```
                                                              →t
┌──────┐ ÷(1+0.05) ┌──────┐ ÷(1+0.05) ┌──────┐
│10,000円│←─────────│10,500円│←─────────│11,025円│
└──────┘           └──────┘           └──────┘
```

# 第8章

# リース取引に関する会計基準

~Chapter 8~

# リース取引とは何か？

「リース取引」とは、特定の物件（リース物件）の所有者（貸手）が、その物件の借手に対し、合意された期間（リース期間）にわたりこれを使用収益する権利を与え、借手は、合意された使用料（リース料）を貸手に支払う取引をいいます。

リースと混同するものとして、レンタルがあります。そこで、リースを知る意味でも、レンタルと比較するのがよいと思いますので、右ページの表を確認してください。

さて、リース取引は、その契約形態に応じて、「ファイナンス・リース取引」と、「オペレーティング・リース取引」の2つに分類します。

ファイナンス・リース取引とは、「ノンキャンセラブル」と「フルペイアウト」という2つの要件を満たしたリース取引をいいます。

ここで、「ノンキャンセラブル」とは、リース契約に基づくリース期間の中途において当該契約を解除することができないリース取引、またはこれに準ずるリース取引のことを意味します。

また、「フルペイアウト」とは、借手が、契約に基づいて使用するリース物件からもたらされる経済的利益を実質的に享受することができ、かつ、当該リース物件の使用に伴って生じるコストを実質的に負担することとなるリース取引をいいます。

他方、オペレーティング・リース取引とは、ファイナンス・リース取引以外のリース取引をいいます。

## ■リースとレンタルの違い

|  | リース | レンタル |
|---|---|---|
| 期　　間 | 長期 | 短期 |
| 物件の選定 | 貸手の保有の有無に関わらず、借手が選定することが多い | 貸手が保有する物件から借手が選定することが多い |
| 中途解約 | 通常、不可 | 可能 |
| 保守・メンテナンス費用の負担 | 借手が負担 | 貸手が負担 |

## ■ファイナンス・リース取引のイメージ

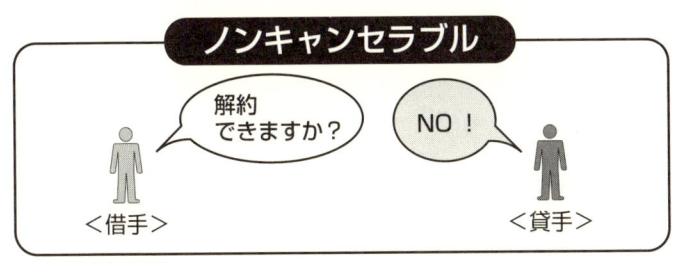

**ノンキャンセラブル**

＜借手＞「解約できますか？」　＜貸手＞「NO！」

→解約不能

**フルペイアウト**

＜借手＞「壊れたのですが…」　＜貸手＞「自分で直してね！」

→保守コスト等の全額を借手が負担

## ファイナンス・リース取引の会計処理

　ファイナンス・リース取引については，通常の売買取引に係る方法に準じて会計処理を行います。

　具体的には，借手は，リース取引開始日に，リース物件を「リース資産」として，リース物件に係る債務を「リース債務」として計上します。そして，リース資産及びリース債務の計上額は，原則として，リース契約締結時に合意されたリース料総額からこれに含まれている利息相当額の合理的な見積額を控除して算定します。なお，リース資産及びリース債務の計上額の実務的な算定方法は，貸手のリース物件購入価額や，リース料総額の割引現在価値などの大小から算定されます。

　そして，リース資産の計上額は，減価償却により費用化されます。なお，この減価償却にあたって，ファイナンス・リース取引は2つに分類して処理方法が定められています。すなわち，リース契約上の諸条件に照らしてリース物件の所有権が借手に移転すると認められる「①所有権移転ファイナンス・リース取引」と，それ以外の「②所有権移転外ファイナンス・リース取引」の2つです。①所有権移転ファイナンス・リース取引に係るリース資産の減価償却費は，自己所有の固定資産に適用する減価償却方法と同一の方法により算定します。他方，②所有権移転外ファイナンス・リース取引に係るリース資産の減価償却費は，原則として，リース期間を耐用年数とし，残存価額をゼロとして算定します。

　なお，平成19年度まで適用されていた「リース取引に係る会計基準」では，②所有権移転外ファイナンス・リース取引について，通常の賃貸借取引に係る方法に準じた会計処理が認め

## ■リース資産（リース債務）の決定方法

**理　論**

リース資産（リース債務）＝リース料総額―利息相当額総額

**実　務**

| | 当該リース物件の貸手の購入価額等が | |
|---|---|---|
| | 明らかな場合 | 明らかでない場合 |
| ①所有権移転ファイナンス・リース | 貸手の購入価額等 | ・見積現金購入価額<br>・リース料総額の割引現在価値<br>→いずれか低い価額 |
| ②所有権移転外ファイナンス・リース | ・貸手の購入価額等<br>・リース料総額の割引現在価値<br>→いずれか低い価額 | |

## ■減価償却方法

**減価償却方法**

| | 耐用年数 | 残存価額 | 償却方法 |
|---|---|---|---|
| ①所有権移転ファイナンス・リース | 経済的使用可能予測期間（通常の耐用年数） | 自己資産と同一 | 自己資産と同一 |
| ②所有権移転外ファイナンス・リース | リース期間 | ゼロ | 定額法，級数法，生産高比例法など |

られていましたが，廃止されました。

## オペレーティング・リース取引の会計処理

オペレーティング・リース取引については、通常の賃貸借取引に係る方法に準じて会計処理を行います。

具体的には、借手は、支払ったリース料を「支払リース料」などの勘定で費用に計上します。

## ファイナンス・リース取引（借手）の表示

リース資産は、原則として、有形固定資産・無形固定資産の別に、一括して「リース資産」として表示します。ただし、平成19年度まで適用されていた「リース取引に係る会計基準」で採用されていた表示方法である、有形固定資産または無形固定資産に属する各科目に含めて表示すること（「機械」や「備品」等の勘定科目に含めること）も認められています。

リース債務は、貸借対照表日から1年以内に返済する分は流動負債に、それ以後に返済する分は固定負債に表示します（一年基準、ワンイヤー・ルール）。

なお、リース資産について、その内容（主な資産の種類など）及び減価償却方法を注記します。

ちなみに、オペレーティング・リース取引のうち解約不能なもの（「ノンキャンセラブル」なもの）に係る未経過リース料は、貸借対照表日後1年以内のリース期間に係るものと、1年を超えるリース期間に係るものとに区分して注記します。

## ■リース基準の改正点

リース基準は,平成5年6月に「リース取引に係る会計基準」として公表・適用されてきました。しかし,平成19年3月に「リース取引に関する会計基準」に改正され,平成20年4月1日以後開始する連結会計年度及び事業年度から適用されています。その主な改正点（借手側）は以下の2点です。

① **例外処理の廃止**

所有権移転外ファイナンス・リース取引については,賃貸借処理が例外的に認められていましたが,廃止されました。

**所有権移転外ファイナンス・リース取引**

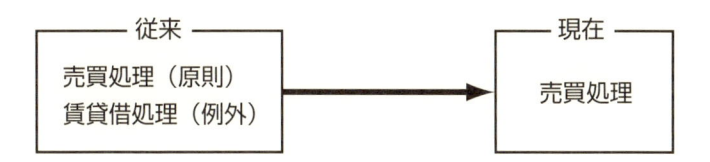

```
┌─ 従来 ─────────┐        ┌─ 現在 ─────┐
│ 売買処理（原則）    │  ───▶  │ 売買処理      │
│ 賃貸借処理（例外）  │        │              │
└────────────────┘        └──────────┘
```

② **「リース資産」としての計上方法**

従来は,各勘定科目に含めてリース資産を計上していましたが,新たに「リース資産」という勘定科目名で,有形固定資産及び無形固定資産に計上されることになりました。

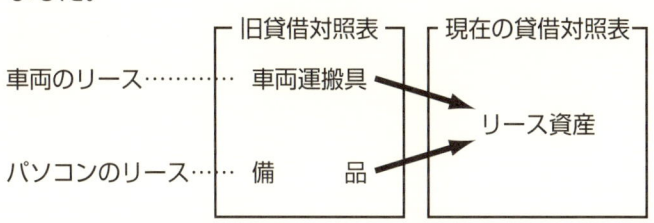

```
                  ┌─ 旧貸借対照表 ─┐  ┌─ 現在の貸借対照表 ─┐
車両のリース……………│ 車両運搬具    │  │                  │
                  │              │─▶│ リース資産         │
パソコンのリース……│ 備    品     │─▶│                  │
                  └──────────┘  └──────────────┘
```

# 第9章
# 研究開発費等に係る会計基準

~Chapter 9~

## 研究開発費「等」とは何か？

会計基準の名称は，取り扱う取引内容がわかるようなものになっています。しかし，「研究開発費等に係る会計基準」は，名称の中に「等」が含まれています。まずは，これを明らかにしましょう。

「等」とは，ソフトウェア（制作費）を指しています。

ソフトウェアの制作過程には研究開発に該当する活動が含まれているため，この会計基準では，研究開発費の会計処理と合わせて，ソフトウェア制作費に係る会計処理も明らかにしています。

## 研究開発の重要性

研究開発は，企業の将来の収益性を左右する重要な要素です。また，商品サイクルの短期化，新規技術に対するキャッチアップ期間の短縮化などから，近年，研究開発にかける支出は多額になってきました。そこで，このように企業活動における研究開発の重要性が増大化したため，研究開発費の総額や内容などの情報は，企業の経営方針や将来の収益予測に関する重要な投資情報と位置づけられるようになってきました。

しかし，従来あった会計基準は，研究開発費について，資産計上も費用処理も認めていたため，研究開発に関する適切な情報提供や企業間の比較可能性に問題があると指摘されていました。そこで，研究開発費に係る会計処理が新たに整備されました。

## ■民間企業における研究費の推移
（社内使用研究費総額と社外支出研究費の合算）（実績）

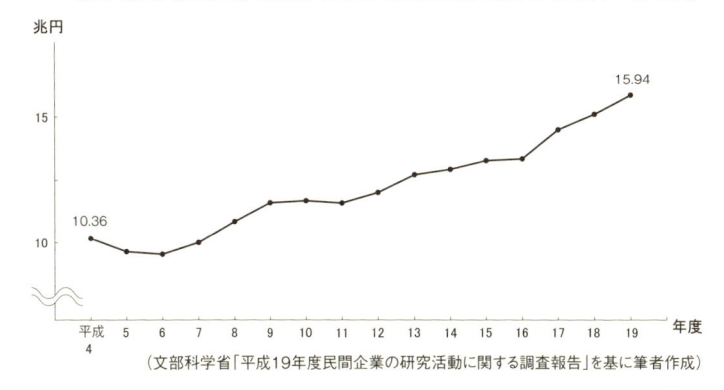

兆円

- 平成4年度: 10.36
- 平成19年度: 15.94

（文部科学省「平成19年度民間企業の研究活動に関する調査報告」を基に筆者作成）

## ソフトウェアの重要性

　コンピュータの発達による高度情報化社会の進展の中で、企業活動におけるソフトウェアの果たす役割が急速に重要性を増してきています。これに応じて、ソフトウェア制作（購入も含みます）にかける支出も多額になってきています。

　しかし、従来、ソフトウェア制作費に係る会計基準はありませんでした。そこで、ソフトウェア制作費に係る会計処理が新たに整備されました。

## 「研究」「開発」の定義

「研究」とは,「新しい知識の発見を目的とした計画的な調査及び探究」をいいます。

「開発」とは,「新しい製品等についての計画もしくは設計又は既存の製品等を著しく改良するための計画もしくは設計として,研究の成果その他の知識を具体化すること」をいいます。

なお,製品等とは,製品・サービス・生産方法を意味します。

研究・開発の典型例は,右ページにあるとおりです。

## 研究開発費の会計処理

研究開発費は,すべて発生時に費用として処理しなければなりません。そして,研究開発費には,人件費,原材料費,減価償却費など,研究開発のために費消されたすべての原価が含まれます。さらに,特定の研究開発目的にのみ使用され,他の目的に使用できない機械装置や特許権などを取得した場合の原価は,固定資産ではなく,取得時の研究開発費とします。

なお,外部に研究を委託した場合に支払った契約金などは,前渡金として処理し,研究開発の内容について検収を行い,利用可能になった時点で費用として処理します。

また,研究開発費は,一般的には原価性がないと考えられるため,通常,一般管理費として計上します。ただし,製造現場において研究開発活動が行われ,かつ,その研究開発に要した費用を一括して製造現場で発生する原価に含めて計上しているような場合には,研究開発費を当期製造費用に算入することが認められています。

## ■研究・開発の典型例

① 従来にはない製品,サービスに関する発想を導き出すための調査・探求
② 新しい知識の調査・探求の結果を受け,製品化又は業務化等を行うための活動
③ 従来の製品に比較して著しい違いを作り出す製造方法の具体化
④ 従来と異なる原材料の使用方法又は部品の製造方法の具体化
⑤ 既存の製品,部品に係る従来と異なる使用方法の具体化
⑥ 工具,治具,金型等について,従来と異なる使用方法の具体化
⑦ 新製品の試作品の設計・製作及び実験
⑧ 商業生産化するために行うパイロットプラントの設計,建設等の計画
⑨ 取得した特許を基にして販売可能な製品を製造するための技術的活動

## ■当期に発生した研究開発費の注記

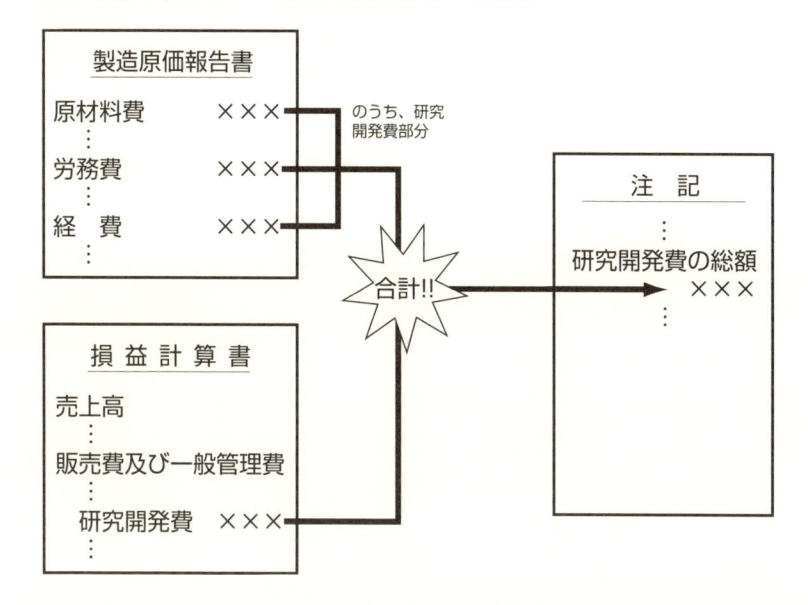

```
製造原価報告書
原材料費    ×××      のうち、研究
  ：                開発費部分
労務費     ×××
  ：
経 費      ×××
  ：
```

合計!!

```
注 記
  ：
研究開発費の総額
       ×××
  ：
```

```
損益計算書
売上高
  ：
販売費及び一般管理費
  研究開発費  ×××
```

## ⚖ 「ソフトウェア」の定義

「ソフトウェア」とは，「コンピュータを機能させるように指令を組み合わせて表現したプログラム等をいいます。具体的には，コンピュータに一定の仕事を行わせるためのプログラムや，システム仕様書，フローチャートなどの関連文書」を意味します。

ソフトウェアと似ているものとして，「コンテンツ」があります。ソフトウェアがコンピュータに一定の仕事を行わせるプログラムなどであるのに対し，コンテンツはその処理対象となる情報の内容です。コンテンツの例としては，データベースソフトウェアが処理対象とするデータや，映像・音楽ソフトウェアが処理対象とする画像・音楽データなどがあります。このように，ソフトウェアとコンテンツとは別個の価値を持つものですから，コンテンツはソフトウェアに含まれません。

## ⚖ ソフトウェア制作費の会計処理（総論）

本章の冒頭（→ p.132）でも示しましたが，ソフトウェアの制作過程は，研究開発に該当する活動と研究開発以外の活動に分けることができます。そこで，ソフトウェア制作費の会計処理も，まずは両者に分けて規定されています。

すなわち，研究開発に該当する活動から生じたソフトウェア制作費は，研究開発費として費用処理します。また，ソフトウェア制作費のうち研究開発以外の活動であっても，制作に要した費用の中に「研究」「開発」に該当する部分があれば，やはり，

# ■ソフトウェアとコンテンツの違いとは？

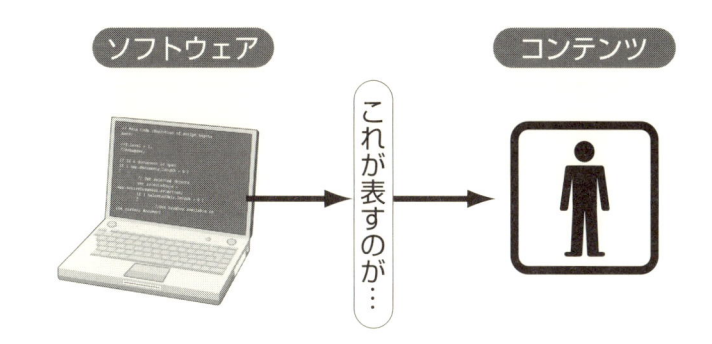

ソフトウェア → これが表すのが… → コンテンツ

# ■ソフトウェア制作費はこう分類する!!

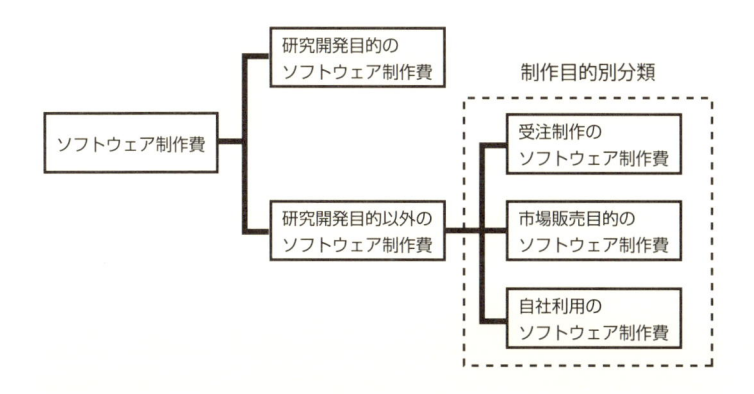

```
                    ┌─ 研究開発目的の
                    │   ソフトウェア制作費        制作目的別分類
                    │                        ┌──────────────┐
ソフトウェア制作費 ─┤                        │ 受注制作の   │
                    │                        │ ソフトウェア制作費 │
                    │                        │              │
                    └─ 研究開発目的以外の    │ 市場販売目的の │
                        ソフトウェア制作費   │ ソフトウェア制作費 │
                                             │              │
                                             │ 自社利用の   │
                                             │ ソフトウェア制作費 │
                                             └──────────────┘
```

研究開発費として費用処理します。そして，上記のいずれにも該当しない，すなわち，研究開発費に該当しないソフトウェア制作費は，制作目的別に分類して会計処理が規定されています（上図参照）。これは，制作目的によって将来の収益との対応が異なるためです。

## 受注制作のソフトウェア制作費の会計処理

　受注制作のソフトウェア制作費は，請負工事の会計処理に準じて処理します。具体的には，受注制作のソフトウェア制作費は，第10章で説明する「工事契約に関する会計基準」における「工事契約」に準じて会計処理することになります（→ p.144）。

　これは，受注制作のソフトウェアは，受注契約がなされているため，将来の収益獲得が確実であり，また，受注契約に基づくソフトウェアの制作が建設業等における請負工事と類似しているからです。

## 市場販売目的のソフトウェア制作費の会計処理

　市場販売目的のソフトウェア制作費の会計処理は，そのソフトウェア制作過程を意識してはじめて理解できます。そこで，右ページの図を見ながら，以下の文章を読んでください。

　ソフトウェアを市場で販売する場合には，製品マスター（複写可能な完成品）を制作し，これを複写したものを販売することになります。そこで，まずは，製品マスターの制作過程と，その後の販売過程に分けます。そして，この製品マスターの制作過程に生じる支出が，ソフトウェア制作費に該当します。

　次に，製品マスターの制作過程を，研究開発の終了時点，すなわち，最初に製品化された製品マスター（例えば，製品性を確認できるような試作品）の完成時点を境に，2つに分けます。そして，この研究開発の終了時点以前のソフトウェア制作

## ■市場販売目的だと…

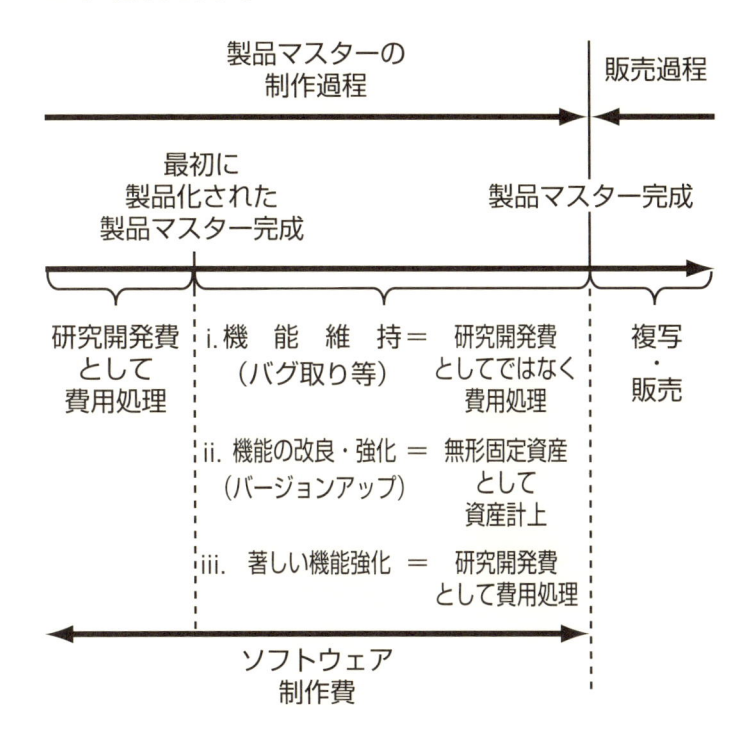

```
           製品マスターの              販売過程
            制作過程
←――――――――――――――――――――→ ←―→
      最初に
    製品化された              製品マスター完成
    製品マスター完成
―――――┬――――――――――――――――┬―――→
 ⎫    ⎫                      ⎫
研究開発費  i. 機 能 維 持 = 研究開発費      複写
 として    （バグ取り等）   としてではなく    ・
 費用処理                   費用処理      販売

         ii. 機能の改良・強化 = 無形固定資産
            （バージョンアップ）  として
                         資産計上

         iii. 著しい機能強化 = 研究開発費
                         として費用処理
     ⎫                              ⎫
              ソフトウェア
               制作費
```

費は研究開発費として処理し，研究開発の終了時点以後のソフトウェア制作費は，支出を生じさせた活動に応じて，資産計上あるいは費用処理することになります。

なお，資産計上されたソフトウェア制作費は，見込販売数量に基づく償却方法やその他合理的な方法に基づいて算定された償却額と，残存有効期間（資産計上時において，原則として，3年以内）に基づく均等配分額とのいずれか大きい金額を，費用として処理していきます。

## 自社利用のソフトウェア制作費の会計処理

　自社利用のソフトウェアには、外部への業務処理などのサービスを提供する契約が締結されているものと、社内で利用されるものの2種類があります。いずれであっても、そのソフトウェアの利用により、将来の収益獲得または費用削減が確実であるものについては、無形固定資産の区分に資産計上します。

　なお、自社利用のソフトウェアは、市場販売目的のソフトウェアと比較して、収益との直接的な対応関係が希薄な場合が多く、また物理的な劣化を伴わない無形固定資産の償却であることから、資産計上されたソフトウェア制作費は、一般的には、定額法により償却します（耐用年数は、原則として5年以内）。

## 適用時期など

　「研究開発費等に係る会計基準」は、平成10年3月に企業会計審議会から公表され、平成11年4月1日以後開始する事業年度から適用されています。

　なお、「研究開発費等に係る会計基準」は、以下にあるように、適用除外があります。

---

**適用除外の範囲**

以下については、「研究開発費等に係る会計基準」を適用しない。
① 他の企業のために行う研究開発（受託契約）
② 探査、掘削などの鉱業における資源の開発に特有の活動
③ 合併などの企業結合により受け入れた資産
（注）③については、基本的には、平成22年4月1日以後実施される企業結合から考慮しなければならない。

## 第9章 研究開発費等に係る会計基準

## ■自社利用の場合だと…

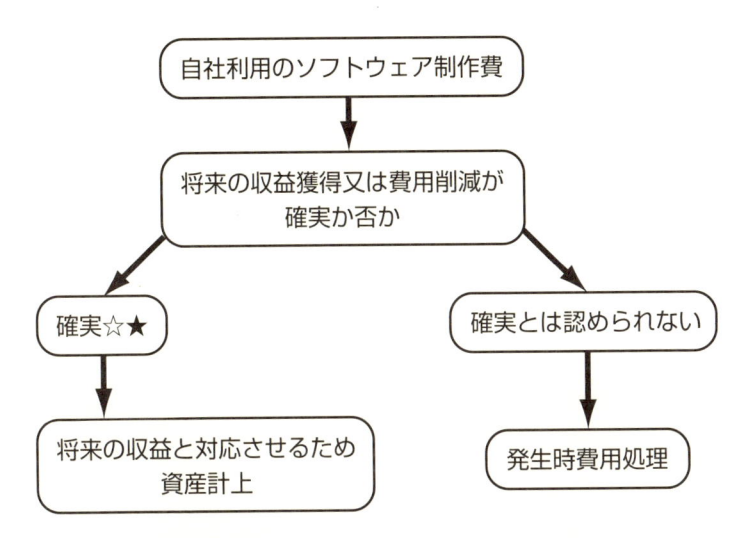

```
自社利用のソフトウェア制作費
          ↓
将来の収益獲得又は費用削減が
      確実か否か
     ↙         ↘
 確実☆★         確実とは認められない
   ↓              ↓
将来の収益と対応させるため    発生時費用処理
    資産計上
```

☆ 将来の収益獲得又は費用削減が通常確実と認められるため，資産計上する場合

① ソフトウェアを用いて外部にサービスを提供する契約が締結されている場合
② 完成品を購入した場合

★ 将来の収益獲得又は費用削減が確実と認められる場合のみ資産計上する場合

① 独自仕様の社内利用ソフトウェアを自社制作する場合
② 独自仕様の社内利用ソフトウェアを委託により制作する場合

# 第10章
# 工事契約に関する会計基準

~Chapter 10~

## 工事契約とは

　工事契約とは，仕事の完成に対して成果が支払われる請負契約のうち，土木，建築，造船や一定の機械装置の製造など，基本的な仕様や作業内容を顧客の指図に基づいて行うものをいいます。また，受注制作のソフトウェアについては，工事契約に準じて取り扱われます（→ p.138）。

## 工事契約に係る認識基準

　工事契約に関して工事収益および工事原価を認識する基準には，工事進行基準と工事完成基準があります。

　工事進行基準とは，工事契約に関して，工事収益総額，工事原価総額および決算日における工事進捗度を合理的に見積り，これに応じて当期の工事収益及び工事原価を認識する方法をいいます。

　他方，工事完成基準とは，工事契約に関して，工事が完成し，目的物の引渡しを行った時点で，工事収益および工事原価を認識する方法をいいます。

　そして，工事契約に関して，工事の進行途上においても，その進捗部分について「成果の確実性」が認められる場合には工事進行基準を適用し，この要件に当てはまらない場合には工事完成基準を適用します。

　なお，「成果の確実性」が認められるためには，①工事収益総額，②工事原価総額及び，③決算日における工事進捗度について，信頼性をもって見積ることができなければなりません。

## ■確実？　不確実？

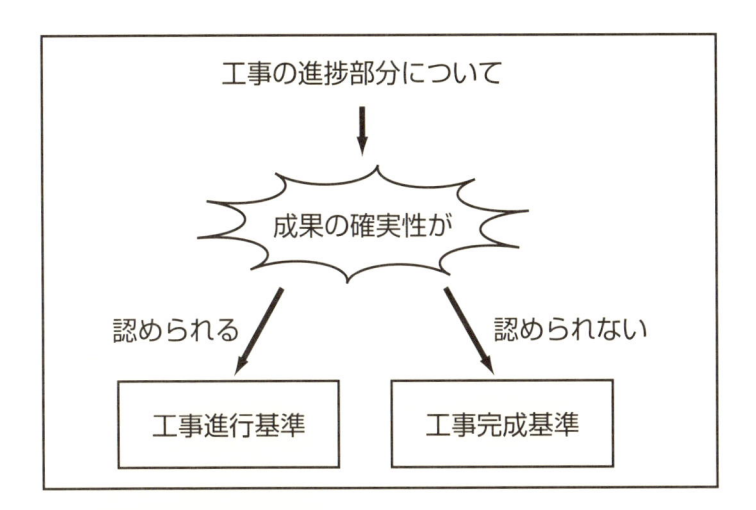

```
        工事の進捗部分について
                ↓
          成果の確実性が
         ↙           ↘
    認められる      認められない
        ↓               ↓
   [工事進行基準]    [工事完成基準]
```

### 成果の確実性の判定

① 工事収益総額
  i．工事の完成見込みが確実であることが必要
    → 施工者に，以下の2つが必要
      ・当該工事を完成させるに足りる十分な能力
      ・完成を妨げる環境要因が存在しないこと
  ii．工事契約において工事についての対価の定めが必要
② 工事原価総額
  工事原価の事前の見積りと実績を対比することにより，適時・適切に工事原価総額の見積りの見直しが行われることが必要
③ 決算日における工事進捗度
  工事進捗度を見積る方法として原価比例法を採用する場合には，上記②が満たされていれば，通常，決算日における工事進捗度も信頼性をもって見積ることができる。

## 工事進行基準

　工事進行基準を適用する場合には，工事収益総額，工事原価総額及び決算日における工事進捗度を合理的に見積り，これに応じて当期の工事収益及び工事原価を損益計算書に計上します。

　決算日における工事進捗度は，工事契約における施工者の履行義務全体との対比において，決算日における当該義務の遂行の割合を合理的に反映する方法を用いて見積ります。決算日における工事進捗度の代表例としては，決算日までに実施した工事に関して発生した工事原価が工事原価総額に占める割合をもって決算日における工事進捗度とする「原価比例法」があります。

　なお，工事進行基準が適用される場合において，工事収益総額，工事原価総額および決算日における工事進捗度の見積りが変更されたときには，その見積りの変更が行われた期に，影響額を損益として処理します。

　また，工事進行基準を適用した結果，工事の進行途上において計上される未収入額については，金銭債権として取り扱います（→ pp.100 – 109）。

## 工事完成基準

　工事完成基準を適用する場合には，工事が完成し，目的物の引渡しを行った時点で，工事収益及び工事原価を損益計算書に計上します。

# ■工事進行基準と工事完成基準の比較

> **例**
> ① 1年目
> 　当年に A 工事（工事収益総額 3,500 円，工事原価総額の見積額 2,000 円）を受注し，工事原価 600 円が発生した。なお，年末において当該工事は未完成であり，原価比例法を採用している。
> ② 2年目
> 　当年に工事原価 900 円が発生した。なお，年末において当該工事は未完成である。
> ③ 3年目
> 　当年に工事原価 490 円が発生した。なお，期中に当該工事が完成し，引渡しを行った。

### 工事進行基準

|  | 1年目 | 2年目 | 3年目 |
|---|---|---|---|
| 完成工事高 | 1,050 | 1,575 | 875 |
| 完成工事原価 | 600 | 900 | 490 |
| 完成工事総利益 | 450 | 675 | 385 |

### 工事完成基準

|  | 1年目 | 2年目 | 3年目 |
|---|---|---|---|
| 完成工事高 | — | — | 3,500 |
| 完成工事原価 | — | — | 1,990 |
| 完成工事総利益 | — | — | 1,510 |

　なお，工事の完成・引渡しまでに発生した工事原価は，「未成工事支出金」などの科目（たな卸資産）をもって貸借対照表に計上します。

## 完成工事損失引当金

　工事契約に係る認識基準が，工事進行基準であるか工事完成基準であるかにかかわらず，また，工事の進捗の程度にかかわらず，工事契約について，工事原価総額（販売直接経費も含む）が工事収益総額を超過する可能性が高く，かつ，その金額を合理的に見積もることができる場合には，その超過すると見込まれる額（これを「工事損失」といいます）のうち，当該工事契約に関してすでに計上された損益の額を控除した残額を，工事損失が見込まれた期の損失として処理し，工事損失引当金を計上します。

## 適用時期等

　「工事契約に関する会計基準」は，平成19年12月に企業会計基準委員会（ASBJ）から公表され，平成21年4月1日以後開始する事業年度から適用されています。

《著者プロフィール》
**乾 隆一**（いぬい・りゅういち）
公認会計士。乾公認会計士事務所所長。
1975年東京都目黒区生まれ。
慶應義塾大学商学部卒業後，大手監査法人勤務。
その後，慶應義塾大学大学院商学研究科修士課程修了。
現在は，TAC（株）公認会計士講座にて財務会計論を教えると共に，米国公認会計士講座にてAudit（監査論）を教えている。
日本公認会計士協会東京実務補習所運営委員。日本管理会計学会会員。日本経営ディスクロージャー研究学会会員。財務会計基準機構個人会員。
著書『これだけは知っておきたい「会計」の基本と常識』（フォレスト出版）

---

会計基準の過去・現在・未来　第1巻
2009年7月23日　初　版　第1刷発行

|  |  |  |
|---|---|---|
| 著　者 | 乾　　　隆　一 | |
| 発　行　者 | 斎　藤　博　明 | |
| 発　行　所 | TAC株式会社　出版事業部 | |
|  | （TAC出版） | |

〒101-8383 東京都千代田区三崎町3-2-18
西村ビル
電話　03(5276)9492（営業）
FAX　03(5276)9674
http://www.tac-school.co.jp

印　　刷　株式会社　ワコープラネット
製　　本　東京美術紙工協業組合

© Ryuichi Inui 2009　　Printed in Japan　　ISBN 978-4-8132-3198-1
落丁・乱丁本はお取り替えいたします。

本書は，「著作権法」によって，著作権等の権利が保護されている著作物です。本書の全部または一部につき，無断で転載，複写されると，著作権等の権利侵害となります。上記のような使い方をされる場合には，あらかじめ小社宛許諾を求めてください。

EYE LOVE EYE

視覚障害その他の理由で活字のままでこの本を利用できない人のために，営利を目的とする場合を除き「録音図書」「点字図書」「拡大写本」等の製作をすることを認めます。その際は著作権者，または，出版社までご連絡ください。

# TAC出版の書籍に関するご案内　TAC出版

## 書籍のご購入

1. **全国の書店・大学生協**
2. **TAC各校 書籍コーナー**
3. **インターネット**

   **TAC出版書籍販売サイト**
   **Cyber Book Store**
   http://bookstore.tac-school.co.jp/

4. **TAC出版**（注文専用ダイヤル）
   **0120-67-9625** ［土・日・祝を除く 9:30～17:30］
   ※携帯・PHSからもご利用になれます。

## 刊行予定、新刊情報などのご案内

**TAC出版**
**03-5276-9492** ［土・日・祝を除く 9:30～17:30］

## ご意見・ご感想・お問合わせ

1. **郵　送**　〒101-8383 東京都千代田区三崎町3-2-18
   TAC株式会社 出版事業部 宛
2. **FAX**　**03-5276-9674**
3. **インターネット**

   **Cyber Book Store**
   http://bookstore.tac-school.co.jp/
   トップページ内「お問合わせ」よりご送信ください。

（平成20年9月現在）